Department for Culture, Media and Sport
英国文化・メディア・スポーツ省

将来に向けての基本的考え方
今後10年の図書館・学習・情報

Framework for the Future
Libraries, Learning and Information in the Next Decade

永田治樹・小林真理・小竹悦子 訳

日本図書館協会

この文書は、独立政策シンクタンクであるデモス（Demos）のチャールズ・リードビーター（Charles Leadbeater）が、ジョン・ホールデン（John Holden）の支援を得て行った調査と分析に基づいている。

Framework for the Future

Libraries, Learning and Information in the Next Decade

Department for Culture, Media and Sport, United Kingdom, 2003

Translated by Haruki Nagata, Mari Kobayashi, Etsuko Kotake.
First published 2005 in Japan by Japan Library Association.

Japanese translation right is arranged by Department for Culture, Media and Sport
through Tuttle-Mori Agency, Tokyo.

将来に向けての基本的考え方 ： 今後10年の図書館・学習・情報 ／ 英国文化・メディア・スポーツ省［編］；永田治樹［ほか］訳. － 東京 ： 日本図書館協会, 2005. － 63p ； 30cm. － 原書名：Framework for the Future: Libraries, Learning and Information in the Next Decade. － ISBN4-8204-0505-5

t1. ショウライ ニ ムケテ ノ キホンテキ カンガエカタ　a1. エイコク ブンカ メディア スポーツショウ（Department for Culture, Media and Sport）　a2. ナガタ, ハルキ
s1. 図書館（公共）－イギリス　s2. 図書館計画　s3. 図書館行政　①016.233

目　次

文化担当大臣の序 ……………………………………………… 4

重要な論点（エグゼクティブ・サマリー）……………………… 6

1　はじめに ……………………………………………… 13
2　図書館の位置づけ …………………………………… 15
3　図書館の新しい使命 ………………………………… 22
4　本、読書、学習 ……………………………………… 25
5　ディジタル・シティズンシップ …………………… 34
6　コミュニティと市民的価値 ………………………… 38
7　改革の実行 …………………………………………… 43

付録A　用語解説 ………………………………………… 52
付録B　謝辞 ……………………………………………… 55
訳者あとがき ……………………………………………… 60
索引 ………………………………………………………… 62

文化担当大臣の序

　本を借りに、そして情報を見つけようと図書館へ出かけて行くことは、100年以上も前から私どもの生活様式の重要な部分である。この公共図書館について私どもは当然ながら誇りに思ってよい。文化担当大臣として、公共図書館サービスの責任を担っていることを名誉に思う。ここ1年間、私は図書館で今日提供されるさまざまなサービスや、図書館が人々の生活に及ぼしている影響についてじっくり見る機会をえた。

　そのおかげで私は、公共図書館サービスは、最初の図書館が開館されたときと同じように今日でも、あらゆる点で重要なものであると納得した。だれに対しても可能性を十分に実現する機会を提供するというならば、情報利用や学習機会の平等性は、きわめて重大である。学習は人生のある時期だけでなく、生涯にわたって維持される習慣でなくてはならないとみる社会では、なおさらそうでなくてはいけない。生涯学習に取り組むきっかけの一つは、純粋な読書の喜びである。この喜びを高めるのに図書館は役立っている。ディジタル技術によって推し進められる、より知識に依存する社会へ変化していくにつれて、すべての人の情報利用を確保するために新しい展開が始まっている。2002年12月に、すべての公共図書館に情報通信技術の学習センターを設置する「市民のネットワーク」が完成した。今や英国中の図書館利用者は、5200万時間のオンライン利用ができている。英国オンラインセンターの状態をみれば、インターネットへのユニバーサル・アクセスという政府公約を実現するのに、図書館は不可欠な役割を果たしているのである。

私の大きな望みは、さまざまな利用者に図書館が提供しうるものをとりまとめたこのビジョンを掲げ、各政府機関と地方公共団体やその他のパートナーと協働し、すべての公共図書館サービスの基準を引き上げ確実にこの最善のものが発展しつづけるようにすることである。

昨年八つの図書館担当機関に、地域の図書館サービスに対するビーコン・カウンシル賞が授けられた。そのほかにも、賞賛されるべきところがある。監査委員会による検査やその他のアセスメントがその実情を示している。しかし一方このことは、利用者をひきつける高い品質の現代的な図書館サービスを提供することに、他の公共団体が失敗していることを示している。つまり、公共団体自体の課題に対応して、社会的包摂（social inclusion）・教育・近代化という広範な行政目標に貢献するという公共図書館サービスのもつ十分な可能性を、これらの公共団体は認識していないのである。地方公共団体は、全体として約7億8000万ポンドを公共図書館サービスに毎年支出している。この額は、イングランドのアーツ・カウンシルとスポーツ・カウンシルの支出を合わせたものの2倍以上であり、地方公共団体から博物館・美術館への年々の支出する額の3倍半である。この大きな額がよきバリュー・フォー・マネー[1]をもたらし、図書館の奉仕対象コミュニティに肯定的な効果を与えることが肝要である。

　『将来に向けての基本的考え方』は、公共図書館サービスの長期的戦略ビジョンである。これは、リソース（博物館・文書館・図書館委員会）と、図書館審議会、図書館・情報専門家協会、図書館長協会などの図書館関係団体、さらにその他の教育団体、地域団体、非営利団体などの関係者との協議に基づきとりまとめられたものである。提案は、地元のニーズや状況を踏まえ、想像力溢れる革新性やすばらしい運営上の有効性や効率性を推進する構想として提出された。これをつくるために私どもを支援してくれた多くの人々に感謝する。

　私の大きな望みは、さまざまな利用者に図書館が提供しうるものをとりまとめたこのビジョンを掲げ、各政府機関と地方公共団体やその他のパートナーと協働し、すべての公共図書館サービスの基準を引き上げ確実にこの最善のものが発展しつづけるようにすることである。公共図書館界は中央からの明確な指導とリーダーシップを求めており、それに応えたのである。リソースは行動計画を公表しようとしている。そのことが実施の最初の段階である。

　私どもがこのビジョンを重視するならば、最初に図書館をつくったビクトリア朝の人々が行ったように、21世紀初頭における社会のニーズに対応できる公共図書館サービスを提供できると、私は固く信じる。もしこれが成功すれば、私どもの公共図書館は賞賛を集め、世界中で見習われることになろう。

テッサ・ブラックストーン（Tessa Blackstone）

1　支払に対してもっとも高い価値のサービスを供給すること。

重要な論点（エグゼクティブ・サマリー）

はじめに

1. 図書館とは、共有の原理に基づいて設置された大変貴重な公共機関である。地域社会のすべての人が資料を使えるようにすることで、構想力や探求心を鼓舞し、文献やレファレンスのサービスを通じて文化や経済活動に寄与する。図書館はすべての人に開かれているし、とくに自分ではわずかしか用意できない人たちに役立つものでなくてはならない。

2. 図書館に出かける人の数は、映画館やサッカー競技を見に行く人よりも多い。公共図書館サービス［用語解説参照］は、社会を改革しようとした人たちの世代から受け継がれてきた、大きな財産である。図書館の役割は、19世紀と同じように21世紀にも当てはまるものである。

3. 『将来に向けての基本的考え方』（Framework for the Future）は、地方公共団体と図書館担当機関[1]が、中央政府やそれぞれの地域社会とともに、このきわめて重大なサービスの現代的な使命についての意見をまとめるのに役立つであろうし、公共図書館のサービス・ネットワークに対して目的を共同で担おうという意識を生み出すだろう。読書と学習を推進し、ディジタル・スキルやディジタル・サービスの向上を図り、地域社会の結束や市民的価値（civic value）を高めるという図書館の役割を重視するものである。

4. 『将来に向けての基本的考え方』は公共図書館サービスに対する政府のビジョンであり、リソース（The Council for Museums, Archives and Libraries[2]）［用語解説参照］、図書館担当機関、および図書館審議会（Advisory Council on Libraries）［用語解説参照］、図書館・情報専門家協会（Chartered Institute of Library and Information Professionals）［用語解説参照］、図書館長協会（Society of Chief Librarians）［用語解説参照］などの専門職団体や諮問機関などの主要な関係諸機関、さらには政府や地方自治体の図書館に関連する部門と、広く協議した結果に基づいたものである。

図書館の位置づけ

5. 図書館には重要な四つの強みがある。図書館は、地域の人々のだれをも差別せず暖かく迎える空間を提供し、意欲的な市民活動（シティズンシップ）を支援する。図書館は、膨大な資料の宝庫である。収集範囲は、図書ばかりでなく、DVD、ビデオ、CD、コンピュータ・ソフトに及ぶ。英国ではすべての公共図書館

---

1 library authority の訳語。『市民のネットワーク』の翻訳においては、「図書館行政体」という語をあてた。ほかの文献には「図書館行政庁」といった訳語もみられる。図書館行政体という訳語は、図書館行政の枠組み（ただし、library authority はロンドンの区（バラ）およびシティ、都市圏のディストリクト・カウンシル、地方のユニタリー・オーソリティとカウンティ・カウンシルのレベルに設置され、それより下のレベルの公共団体にはない）を示唆している点を考慮したものである。しかし、library authority の実態は、その地方公共団体の図書館行政の担当者であり、かれらは、それぞれの公共団体の事務総長（チーフ・エグゼクティブ・オフィサー）の指揮下にある。この点を考慮すると、必ずしも前の訳がぴったりというわけでもなく、本書ではこのように訳出することにした。

2 2004年2月から「リソース」という部分を落とし、Museums, Libraries and Archives Council という形（頭字語では MLA）に変更されている。http://www.mla.gov.uk/

に、全国宝くじ基金のおかげで情報通信設備が整い、インターネットにアクセスが可能となった。図書館は幅広いサービスを提供している。本の貸出だけでなく、図書館は定型・非定型の学習に関する地域の中心である。小さな赤ちゃんから成人まで、あらゆる年齢層に読書をすすめ、情報へのアクセスや助言を提供する。そして、図書館は、献身的な職員によって運営されているのである。

6. 図書館はさらに多くのことを実現する可能性をもっている。知識とスキルと情報はわれわれの生活にとって、経済的にも社会的にも、また市民生活においても、もっと重要になっていくだろう。図書館には、必要な資源、情報、知識をだれもが利用できるようにするという果たすべき主要な役割がある。このことはとくに、裕福でない、あるいはリテラシー（識字力）に問題のある人など、図書館が使えなければ不利になる人たちに当てはまる。

7. もっとも好ましい図書館が、今後進むべき方向を示している。図書館員は、利用者が情報通信技術を手にしてインターネットを使うのを助けるために、新しいスキルを常に習得している。利用者を拡大しようとする仕事には、大きな進展があった。多くの都市に人目を引く新しい建物の図書館ができ、ほかの地域でも、どんな図書館サービスを展開するかを根本的に見直しつつある。

8. しかし、革新は均等に進展するわけではないし、さまざまな制約により、しばしば長続きしない。イングランドにおける公共図書館サービスは、149 の図書館担当機関が 3500の公共図書館（移動図書館を含む）で運営している。国の政策立案者が公共図書館サービスの全体に通じることは難しく、地方の新機軸が公的資金の措置される国の施策に取り上げられるという機会は失われることもある。

9. こうした断片化した状態は、当局の間にベスト・プラクティス[1]が広まるのを遅らせる。地方公共団体の中で、図書館はたいていそれよりずっと大きな部局の一部である。革新的な公共団体は図書館が果たしうる幅広い役割に気がついているが、そうではない公共団体では図書館の役割を見過したり過小評価したりしている。

10. 2002 年 5 月に出た監査委員会の報告書『よりよい図書館サービスの構築』(*Building Better Library Services*) は、図書館の来館者数や貸出数が減ってきていることを指摘している。報告書はまた、図書館が潜在的な利用者よりも現在の利用者を重視する傾向にあり、開館時間帯が潜在的な利用者のニーズに合致していないことに言及している。

11. 図書館も職員の獲得と保持に関して厳しい競争にさらされている。図書館情報学の学位を取得した図書館員も、民間企業の給料にひかれる。上級の職位の労働力には離職がほとんどなく、昇格の機会が限られてしまっていて、図書館の指導者層に新しい世代が緊急に必要となっている。

現代における図書館の使命

12. 図書館は、現代的な使命を帯びる必要がある。図書館は常にその目標を更新し、サービス対象とする地域の人々にそれを伝えなくてはならない。現代的な使命は次の点に基づくものである。

　■漸進的発達：読書・非定型学習[2]・自助の推進という、図書館の伝統的な中核スキル

1　もっとも効果的、効率的な実践の方法。最善実践例。
2　学校教育におけるような定型的な学習環境が設定されて行われるものではなく、個人やグループの関心から、仕事や生活上の必要性で行われる学習活動。

を基礎にして前進する。
- ■公共的価値：成人のリテラシー獲得や就学前学習の支援など、公共の関与が社会にもっとも大きな便益を与える領域を重視する。
- ■示差性（独特であること）：図書館の、開かれた、分け隔てをしない、自助の文化に基く。他の公共部門や民間プロバイダーの活動とは重複せず、協力関係を通じて互いに補完するものとする。
- ■国レベルの計画の地域に合わせた運用：公共図書館サービスの特徴を全般的に展開する国レベルの計画を、地域のニーズに十分柔軟に対応させて策定する。

13. 次の三つの活動領域はこれらの基準に合致しており、現代における図書館の使命の根幹である。

- ■読書と非定型学習の促進
- ■ディジタル・スキル[1]や電子政府などのサービスへのアクセス
- ■社会的排除（social exclusion）を克服し地域のアイデンティティを構築し、社会参加を進展させる方策

本、学習、読書

14. 図書館によっては、蔵書の数量やその包括性を誇るところもある。しかし、先の監査委員会の報告書は、利用者の59％しか、借りようとしたあるいは使おうとした本を見つけられなかったと指摘している。とくに若者をひきつける類の本が不十分で、本の購入も減らされている。報告書はまた、調査対象となった図書館担当機関の3分の1では、蔵書はもっと効果的に運用できると述べている。

15. 読むことは現代の生活においてきわめて重要であるから、このことが問題なのである。インターネットが隆盛になっても、読むことがなくなったわけではない。なぜなら、ほとんどのウェブページは文字で構成されているからだ。人は読むことができなければ、意欲的に活動する、あるいは見聞の広い市民たりえない。読むことは、ほとんどすべての文化的・社会的活動の前提条件である。

16. 革新的な図書館はこのことを認識しており、読書と学習に対する方策を一緒にして取り組んでいる。読む人を増やすための方策は、どんどん広がり洗練されてきている。英国読書協会（The Reading Agency）［用語解説参照］などの団体の出現は、「夏休み読書チャレンジ」（Summer Reading Challenge）といった全国レベルのプログラムの展開によって図書館が規模の経済[2]を生み出すのを支援している。

17. 公共図書館は学習のためのネットワークを提供することで定型（学校）教育を支援するが、それだけではない。読書とリテラシーと学習は、離れがたく結びついている。図書館が奨励する自ら望んでする学習は、人々が生涯を通じて学ぼうという生涯学習文化をつくるための核心となる。

18. 早い段階からの学習活動が認知的能力の発達のために重要であることは、研究によって明らかになっている。恵まれない地域の幼児のいる家庭と子どもたちに組織的・総合的な支援を提供する「シュア・スタート」（Sure Start）［用語解説参照］プログラムは、"幼い子どもが両親とともに図書館を利用する"機会を増やすことを、このプロジェクトの一つの目標としている。図書館が対応しなければならない課題は、この早い段階からの学習提供を、

1　ディジタル化情報を扱えるスキル。
2　生産規模の拡大とともに製品1単位あたりのコストが減少すること。

19. 図書館サービスの多くは、学校での勉強を支援することで学齢期の子どもたちと密接な関係を形成している。こうした欠かせない学習の補完は、次の努力によりさらに進められよう。

    ■ 地元の学校と共同で、読書プログラムを推進し、カリキュラムを豊かにし向上させる。
    ■ もっとも貧しい地域の学校と、強い協力関係を築く。
    ■ 宿題クラブの全国的ネットワーク（物理的ネットワークか、オンライン・ネットワークかを問わず）をつくる。
    ■ 全国的な「夏休み読書チャレンジ」を利用して、子どもたちに夏休みの間にも学習を続けさせ、"夏休みの学習の低下"を最小限にする。
    ■ 保護施設や犯罪少年施設にいる子どもたちのための国レベルのプログラムをつくる。

20. 継続教育や高等教育を受ける割合が大きくなるにつれて、勉強するための空間と資料を求める学生の需要が高まる。公共図書館は、図書館が設備を提供するとともに学習者支援の訓練を受けた職員を置いている**ラーンダイレクト**（learndirect）[1]［用語解説参照］などの遠隔学習に参加している人々や、大学の休暇中に帰省した学生のための学習センターとして、重要な役割を果たすことができる。

21. 図書館はまた、基礎的なリテラシーに問題を抱える成人を支援するという重要な役割を担う。イングランドでは、11歳の子どもに期待されるレベルの読み書き能力に達していない成人が、700万人いる。政府の「生活のためのスキル」（Skills for Life）戦略は、150万人の成人のリテラシー、さらに言語や計算の技能を、2007年までに改善することを目標にしている。図書館は、こうした教育の必要な人々を認知し支援するのにぴったりの機関である。

22. 文化・メディア・スポーツ省（DCMS）[2]［用語解説参照］と教育・雇用訓練省（DfES）[3]［用語解説参照］は、リソース、学習・技能委員会（National Learning and Skills Council）[4]［用語解説参照］、英国リテラシー・トラスト（National Literacy Trust）[5]［用語解説参照］と共同で、図書館が成人の基礎的なスキルへの対策をどのように支援できるかを、継続して検討する。

ディジタル・シティズンシップ

23. 新機会基金（New Opportunities Fund）の宝くじ資金によって、英国のすべての公共図書館は2002年12月末までに英国オンライン学習センターを設置し、図書館職員はコンピュータ・リテラシー[6]と学習者支援スキルを身につけた。オンライン・コンテンツの作成には、5000万ポンドの支出が計画されている。図書館における「市民のネットワーク」（People's Network）[7]は、インターネットへのユニバーサル・アクセスを保証し電子政府サービスを提供するという、政府の公約を実現するための重要な役割を担っている。

24. リソースは「市民のネットワーク」をどのように発展させるかについて、図書館担当機関

---

1 http://www.learndirect.co.uk
2 http://www.culture.gov.uk/default.htm
3 http://www.dfes.gov.uk/
4 http://www.lsc.gov.uk/National/default.htm
5 http://www.yearofreading.org.uk/index.htm
6 コンピュータを利用して課題を解決するための基礎的な知識や技能。
7 http://www.peoplesnetwork.gov.uk/

と幅広く検討を行った。提案されたのは次の事項である。

- **■コミュニティ・オンライン**：公共図書館が、地域社会のグループのためのウェブ・サイトを開設し運営する。
- **■カルチャー・オンライン**［用語解説参照］：新しいオンライン・コンテンツと双方向サービスをつくる。図書館は、アクセスを提供し、コンテンツを生み出す役割を果たす。
- **■ナショナル・コンテンツ**：リソースが、公共図書館サービスのために全国のオンライン・コンテンツの仲介を行う中央エージェントとして活動する。
- **■放送局との提携**：図書館は、放送局のオンライン・サービスを通じて学習をしている人々のために実際の（物理的な）窓口として重要である。
- **■情報**：リソースは、すでにいくつかの図書館担当機関が提供している類似のサービスを踏まえて、オンラインで質問に答える全国サービスの見通しについて検討する。

25. リソースは、図書館を通じて提供する将来のサービスを計画している。これらの計画は、全国サービスの中央における開発の必要性をとりあげ各地域でのサービス提供の支援を行うためのものである。

コミュニティと市民的価値

26. 図書館は、地域住民やコミュニティのみんなの頼みの綱である。大多数の住民にとって図書館は、安全で友好的で、分け隔てなく地域のすべての人に開かれた空間である。図書館が市民生活でこうした役割を果たし続けるためには、サービス対象地域のニーズにきちんと対応していく必要がある。

27. 図書館は多くの切迫した課題に直面している。これまでの利用者のニーズに応え続ける一方、築いてきた蔵書の更新や、利用しない人への働きかけが問題となっている。よく利用される魅力的な図書館の建物は、買い物や商業的な娯楽の代わりに個人空間を人々に提供し、人々を街の中心に呼び込み、大きく経済活動に貢献する。新しい図書館建築のいくつかは、PFI（民間資金等活用事業）の成功例となっている。ほかの地方公共団体では、創意に富む設計方針で現代風にし、サービスへのアクセスをしやすくしている。これらの先導例からは、学ぶべきところが多い。このようなものが、新たな財源を開拓するだろう。文化・メディア・スポーツ省とリソースとは共同で、これらの優良実践例を広めることを提案している。

28. 図書館は、利用しない人への働きかけを強めなくてはならない。一つの方法は、たとえば図書館を教育、社会福祉、保健、余暇のサービスなどの施設と同じ場所に設置することによって、他の公共サービスと連携することである。

29. 図書館担当機関は、サービス対象のコミュニティ、とくに普段は図書館を利用しないが利用するようになるかもしれない人、利用したら提供されるサービス以上の恩恵を受けるかもしれない人のニーズに焦点を当てて、サービス対象地域のニーズを調査し見直す必要がある。これらのニーズは、地方公共団体のコミュニティ計画を策定し実施する手段と考えられる。

改革の遂行

30. 『将来に向けての基本的考え方』では、公共図書館にとってなにが国の優先課題であるかを確認するために、中央政府と地方公共団体と図書館担当機関とが一緒に新しい方法を策定しようとしている。このアプローチが、特色ある地域性のニーズに合わせたサービスを

求める地元への説明責任と両立できることを、文化・メディア・スポーツ省は約束する。

31. この新しい戦略的な構想を遂行するためには、次のことが必要である。

- ■地方自治体における各種のサービスや目標を実現するものとしての公共図書館サービスの役割を、中央および地方自治体がより深く認識すること。このような図書館サービスを達成するには、この「基本的考え方」において確認された重要な分野に焦点を絞り、全国レベルのサービスが地域のニーズと状況に合わせた形で、すべての図書館で受けられるように展開されねばならない。文化・メディア・スポーツ省とリソースは、「地方自治体白書」への対応の一環として、地方公共団体とともに優良実践例を見出し、継続的な改善を後押しする。
- ■政府の内外で、図書館界を代弁する強力な中央集権的権能。リソースは政府や図書館部門に対し、美術館・文書館・図書館の長期的な振興について提言する戦略的な機関である。図書館審議会は新しいメンバーで再構成され、この新しいビジョンの実現について文化・メディア・スポーツ省やリソースとともに活動する。
- ■図書館担当機関を支援するリージョン[1]の権能を強化すること。リソースは、イングランドの九つの地域それぞれに、部門間を横断するリージョン機関を設立しようとしている。また、改善を進めるためにどうしたらこのリージョンの枠組みやビーコン（Beacon）公共団体[2]をもっとも有効に使えるかを検討している。
- ■公共図書館サービスの計画・実施に際して、簡素化を行い無駄をなくして、政府と地方自治体との新しい協力関係の考え方に適合させること。
- ■産業界との新しい関係。図書館は社会的責任を重要視する企業にとって卓越したパートナーである。リソースは新たな任務の一つとして、この分野の専門家と共同で、公共図書館と産業界との関係づくりを支援しようとしている。

32. 文化・メディア・スポーツ省はこれらすべての領域で、重要な利害関係者による小規模のタスクフォースの支援を得て、活動を主導する。

---

1 ヨーロッパでは一般にサブ・ナショナル・レベル（主権国家の下位のレベル）の広域的な自治体をさす。英国では、スコットランドや北アイルランドには以前から存在したが、現在はイングランド、ウェールズにも設置されている。
2 ビーコン・カウンシル計画は、1999年度から始まった計画で、政府が毎年設定する特定サービスエリアに対して優れた業績を実施している自治体をビーコン・カウンシルとして認定し、その実践を普及させるもの。ここではビーコン・カウンシルとして指定された公共団体をいう。

新たに生を受けた子どもたちのだれにでも生まれながらに具わっている権利として、一生の間、本、音楽、映画はもとより、ワールド・ワイド・ウェブも利用が保証される場所を思い浮かべてみてください。何千万冊の本、ビデオ、CDが、生涯を通じて簡単に利用できるように用意されています。
　だれに問いただされることもなく入っていけて、コンピュータの前に座り、出版された本ならほぼどんな本でも、見つけたりリクエストしたりでき、無料で家に持って帰れるところを思い浮かべてみてください。
　お店ではないけれど、デパートみたいにいろんなものがあるところで、人々が求める、ぴったりの講習、情報、映画、音楽などが見つけられる。ここは、情報の宝の山です。たとえばあなたの家系や住んでいる家の知られざる歴史をひもとくのに、職員が居合わせて力を貸してくれます。
　ここでは、職業相談やオンラインの職探しのアドバイスも受けられ、支払いや役所の書類の書き方も、職員に助けてもらえます。
　学校ではないけれど、あなたが身につけたいどんなスキルもいろんなやり方で教えてくれるように頼めます。額縁をつくるグループに入ることから、難しいソフトウェア・プログラムをつくるオンライン講習に参加することまで。
　もし家から出られなくて、こういうところに行けないなら、職員やボランティアが来てくれます。頼んだ本や映画や新聞やテープや、無料のパソコンを持ってきてくれます。
　そしてここでは、多くのサービスは提供に際して無料です。
　こういうところが国中にあります。公共図書館です。
　こういうことを、図書館は今やっているのです。

1　はじめに

1.1　公共図書館が拠って立つ中心的理念は、文献やレファレンスのサービスを通じて文化や経済活動における創意と探求を促進するために、地域社会のすべての人が共有資源を利用できるようにしておくことである。図書館は公共サービスを提供する。すべての人に開かれているし、とくに自分ではわずかしか用意できない人たちに役立つものでなくてはならない。図書館は、人々が共有資源をそれぞれの目的のために使えるように、多くの選択肢を用意する。図書館は公園と同じように共有空間で、いろんな活動を選択することができる。図書館を特別なものにしているのは、コミュニティと選択のこの組み合わせ、個人的な楽しみを公共が用意しているという点である。

1.2　図書館はわれわれの暮らしの一部になっており、それに慣れっこになっているといえよう。映画館に行く人より図書館に行く人の方が多い。プロのサッカー競技を見に行く人より、図書館に行く人の方が多いのだ。公共図書館システムは、社会を改革しようとした人たちから代々受け継がれてきた、大きな財産である。もしわれわれに図書館がなかったとしたら、巨額の資金を投入して、新たに図書館をつくることになるだろう。21世紀の図書館には、より重要な役割を果たす大きな可能性がある。継続学習の文化を生み出し、インターネット上の豊かな資料にだれでもアクセスし、操作し、楽しむことができるよう援助するであろう。こうした可能性を象徴しているのが、ペッカム（Peckham）やボーンマス（Bournemouth）、マーチ（March）やノリッジ（Norwich）などの新しい図書館であり、さらに面白い展開がバーミンガム（Birmingham）やケンブリッジ（Cambridge）で計画されている。ビーコン図書館［用語解説参照］の担当機関をはじめ、国中で行われている革新的なサービスをみても明らかである。

1.3　『将来に向けての基本的考え方』は、地方公共団体と図書館担当機関が、中央政府や地域コミュニティと、共通する優先事項について合意するよう援助するものである。これは、図書館がどのように目標を達成するかを詳しく示す青写真ではない。ねらいは図書館サービスの全体像を示し、目的の意味を共有することである。これによって図書館は協力して、学習、リテラシー、情報技術の利用を進展させ、社会的排除と戦うことができるようになろう。

1.4　徐々に発展する変化過程を経てこれらの目標を達成するには時間がかかる。そのことから、図書館担当機関は現在の資源をどう使い、優先事項のバランスをどのように決定したかについて、批判的な検討が求められる。時間が経つうちに、図書館が課題を実行に移す役割を評価するに従って、図書館担当機関が図書館サービスに新しい財源を呼び込むことが期待される。

1.5　この「基本的考え方」は、国の優先課題に合わせて各図書館が解決策を見出せるように導くことによって図書館を強化するものである。各図書館がその特色や手腕で、成人のリテラシー問題や情報技術へのアクセス、社会的排除など深刻な社会問題に対処するよう後押しする。

1.6　使命の方向が更新されると、各地域の図書

館運営と優良実践例を共有するためのリージョンにおける連携、それに国民生活により大きな影響を与えるように図書館を協力させることのできる国の主導権との間に、新たな関係が求められる。

1.7 『将来に向けての基本的考え方』は、読書と学習、ディジタル・スキルとディジタル・サービス、コミュニティのつながりと市民的価値などを発展させるという図書館の役割に焦点を合わせている。つまり、

■図書館をその経営戦略に統合するよう地方公共団体を導く。
■教育、近代化、社会的包摂についての政府の広範な目的・目標を遂行するにあたって、図書館は際立った貢献ができることを明らかにする。
■職員の教育・訓練に関連する専門職団体に焦点を当てる。
■図書館がリージョン内で連携しやすいようにする。
■公共図書館と定型学習部門が互いにとって有益な関係を構築できるようにする。
■図書館が共有する目標に関し、国の機関との連携を構築できるようにする。

1.8 この「基本的考え方」は、リソース(博物館・文書館・博物館委員会)の支援のもとに図書館がどのように発展すべきかを示す政府のビジョンであり、図書館担当機関、および図書館審議会(ACL)、図書館・情報専門家協会(CILIP)、図書館長協会(SCL)などの専門職団体や諮問機関などの主要な関係諸機関、さらには政府や地方自治体の図書館に関連する部門と広く協議した結果に基づいている。

1.9 使命の意義をコミュニティの人々にはっきりと伝え展開することができるなら、図書館は大いに成功しコミュニティに貢献するだろう。この「基本的考え方」は、図書館が現在および将来の出資者、パートナー、利用者と協働し、使命について合意し、その遂行を計画するのを助けるために作成されたものである。

図書館はわれわれの暮らしの一部になっており、それに慣れっこになっているといえよう。映画館に行く人より図書館に行く人の方が多い。プロのサッカー競技を見に行く人より、図書館に行く人の方が多いのだ。

早期学習を支援する
ロンドン・サットン区図書館・文化遺産・登録サービス部提供

2　図書館の位置づけ

　ボーンマスの新しい中央図書館は、流行を取り入れた明るく開放的な現代的建物を拠点としている。この建物がいまや街を変えつつある。建物のあちこちには計50台のパソコンが置かれており、玄関横には新しいカフェがある。本だけでなくビデオ、DVD、CDなど、もっとも人気のある資料が選べるエクスプレス・コーナーが用意されている。10代の若者たちは、自分たちが設計を手伝ったコーナーに集まっている。建物は明るいが静かで、学習には最高の場所だ。図書館に来る人の多くは、ただ本を借りるのではなく、広い意味での研究のために図書館を使っている。開館以来、来館者の数は2倍以上になった。本の貸出は10％増加し、コンピュータは1週間に2500時間使われている。

　サウス・イースト地域開発公社は、図書館の外に歩行者専用広場をつくって文化的な催しに使う計画を検討している。この計画は、地元企業を次々にひきつけている。公共空間への投資は、経済成長の背景を構成する。

　この新しい図書館の建物は、PFIの枠組みによって資金を獲得している。

ボーンマス中央図書館（ボーンマス図書館・余暇・観光理事会提供）
撮影：アートハウス社ジョン・ターディフ

歴史的な強みと未来への可能性

2.1　図書館には四つの強みがある。それは四つの「S」だ。

2.2　第1に図書館は、その内外で、コミュニティが繁栄できる**場**（space）をつくる。イングランドには移動図書館や一部の時間だけ開く図書館を含めて、3500の公共図書館がある。これに加えて、コミュニティ・センターや保護宿泊施設、保育活動施設、余暇施設、青年会の施設などの中に、1万7000近いサービスポイントがある。図書館は、会合や公演、展示、朗読、討論などに使われる。よい図書館はますますこうした点を重要視して設計されている。うまく運営されている図書館は、コミュニティの意識を醸成するのを支援する。だれにも開かれた、安全で暖かい空間

　ダイク・ハウス・コミュニティ図書館・資料センターは、失業や犯罪、片親家庭の多いハートルプール（Hartlepool）の住宅団地に、12年前に開設された。この図書館は今、本、録音図書、ビデオ、CDを提供するとともに、コミュニティのさまざまな活動やコース、そして雇用についての無料相談などの基地となっている。リバプール8コミュニティ法律センターの図書館は、利用者にも法律家にも、非常に要望の高かった静かな学習スペースを提供している。マートン図書館は、難民や亡命希望者のための特別プロジェクトを推進している。

を提供し、市民活動を支えている。最近ビーコン・カウンシルが計画した「コミュニティ資源としての図書館」は、このことを強調している。

2.3　第2に、公共図書館には人々が頼みとする資料の膨大な**蓄積**（stock）がある。2001年には4億3000万件の貸出があった。蔵書は公共図書館が提供するものの中心である。図書館が利用者のニーズを満たしかつ新しい人々をひきつけるには、豊かで幅広い蔵書がなくてはならない。図書館には新刊書も絶版本もある。利用者はテーマをそれによって調べることができる。またある本がなければ、相互貸借で他の図書館から借りられる。最近では、図書館の資料はDVD、ビデオ、CD、コンピュータ・ゲームやソフトウェアにまで及ぶ。全国宝くじ財団から、「市民のネットワーク」に1億2000万ポンドが投資され、コンピュータと通信基盤が整えられた。これは何百万メートルの新しい書架をつくったり、他の図書館やワールド・ワイド・ウェブ上にある豊かな資料へのアクセスを提供したりすることと同じだ。2002年12月末から、イングランドのほとんどすべての図書館は、インターネットと電子メール、その他オンライン・サービスをすべての人に提供する、英国オンラインセンター［用語解説参照］となっている。

2.4　第3に、図書館はますます付加価値の高い**サービス**（service）を提供するようになっている。それは本の貸出をはるかに凌駕している。まさに、図書館が単なる公的資金による書店ではないゆえんである。図書館は、書店には果たし得ない役割を担っている。

2.5　図書館はずっと、コミュニティの学習センターだった。継続教育の専門学校と共同の講座を開催したり、宿題クラブをやっていたりする。**ラーンダイレクト**（learndirect）のセンターとして認定される図書館も増えており、設備を整え、全部の**ラーンダイレクト**のコー

読書の推進
ロンドン・サットン区図書館・文化遺産・登録サービス部提供

スを用意し、学習者を支援するスキルのある職員が待機している。文化・メディア・スポーツ省と教育・雇用訓練省、リソース、ラーンダイレクト／産業のための大学とは最近、自分の情報通信技術を診断し、その結果に基づき必要な訓練を受けるというお試し講座などの、オンライン・サービスの計画を策定した。しかし重要なのは、図書館は、人々が形式張らずに自分のペースで学ぶことができ、資格のために勉強するのでなくてもよいことだ。図書館サービスにはさまざまなプログラムがあり、ブックスタートなど、とくに学齢前の子どもに読書をすすめることが考えられている。ブックスタートでは図書館が巡回保健士と協力し、赤ん坊と両親とに読み物パックを渡す。図書館はまた、地域の企業、刑務所、少年犯罪者施設、読書プログラムを計画している学校、養護されている若者や家から出られない老人に対する社会福祉部門にサービスを提供している。図書館は単なる営造物ではない。それはますます活気を増しつつあり、情報に関連したさまざまなニーズに対応するサービスの中心である。

2.6 これらの役割は結局のところ、**図書館職員**（staff）次第である。図書館は公共サービスの意義を明確に意識した献身的な要員を雇用している。読書の楽しみだけでなく、情報へのアクセスやスキルを獲得するよう市民を助ける。図書館職員はますます幅広いスキルを身につける必要がある。宿題クラブでの学習支援、情報通信技術に不慣れな人への援助、蔵書についてアドバイスするための知識、あらゆる分野にわたる情報検索を活用するスキルである。図書館が付加価値を高めたサービスや、コミュニティとの連携やアウトリーチ[1]を行えば行うほど、その首尾はますます図書館で働く人の考え方、スキル、態度にかかってくるだろう。

2.7 サービスの改善というはっきりしたビジョンを実行するためのスキルを職員に身につけさせることによって管理者が職員をともに変革の中に引き入れるとき、図書館はすばらしく改善される。新しい建物、優れた資料の蓄積、コミュニティの問題に対して開かれた場があっても、優れたリーダーシップと職員の貢献がなければ、なにほどのこともない。

潜在力

2.8 図書館は、将来もっと中心的な役割を担うことができる、大きな可能性を秘めている。

2.9 われわれの生きる社会では、知識、スキル、情報が、経済的にも社会的にも、そして市民としてもますます重要になってきている。製造業でもサービス業でも、ますます高いスキルが要求されるようになっており、コンピュータを使えたり継続的に職業教育を受けたりする力が求められている。趣味や講座、文献に関する共通する嗜好、地方史などの学習上の興味によって、しばしば同好の士の集まりができる。メディアやインターネットを通して得られる雑多な情報の意味を理解し活用する能力は、市民として意見を述べ民主的な権利を行使する上で、欠かせない能力である。

2.10 しかし、情報と知識にアクセスし利用する能力は、平等に割り当てられてはいない。イングランドでは約700万人の成人が、日常生活に必要な読み書き能力に欠けていると判断される。裕福な家庭であれば、子どもに本やコンピュータやインターネットへのアクセスを与えられる可能性が、貧しい家庭よりずっと高い。これを放っておくならば、知識とス

---

1 各種の施設入所者、あるいは社会的に排除されているなどの理由で、これまで図書館サービスが及ばなかった人々に対してサービスを広げていく活動。

キルから得られる経済な見返りは、すでに豊かな人々や場所に、ますます偏ってしまうだろう。

2.11 将来、図書館は、アクセスの平等を推進し、情報利用の能力、学習への参加、知識の獲得をすすめる上で、重要な役割を果たす。図書館は他の機関、たとえば大学や専門学校、博物館や文書館がもつ知識へのゲートウェイとなり、文化や学習の資源がますます幅広く利用できるようになるだろう。利用者のニーズを理解し、そのニーズを満たすために資源に案内するという図書館員のスキルが、改めて強調されるだろう。

2.12 これらの多様な役割を果たすための図書館の力は、ディジタル技術によって高められることになる。図書館はすでにインターネットへの簡単なアクセスを提供している。将来、図書館の役割は、地元のコミュニティ・グループのためにウェブ・サイトを管理したり、コミュニティでのオンライン討論を進行させたり、地元の作家・詩人の作品を発信したり、インターネット上でみつけられるさまざまな資料を案内したりするところまで広げられよう。そのとき、図書館は地域の仲介者となって、人々の情報活用スキルを高めたり、世話役になったり、オンライン・コンテンツを集積・発信したりするだろう。また、地元の図書館を通じて、利用者は、音楽や写真、ビデオばかりでなく、アイデアや助言などの豊かなデータベースにアクセスできるだろう。

2.13 「市民のネットワーク」によってハードウェアが導入された今、図書館は共同でも単独でも、人々の参加を高めて創造的に利用できる技量を普及させるために、こうした情報基盤をどのように使うべきかを問題にする必要があるだろう。

革新

2.14 賞賛すべきことはたくさんある。国レベルでは、新機会基金（New Opportunities Fund）からの宝くじ資金により支援を得た、コンピュータやインターネット接続の「市民のネットワーク」によって、新しい利用者が集まったし、頻繁に教育専門家や研修提供団体と協力して、図書館員が新しいサービスのためのスキルを身につけることができた。

2.15 ペッカム、ボーンマス、ノリッジなどの新しい図書館建築と、バーミンガムやケンブリッジでの野心的な計画は、市民の場の再生に貢献できるという発想をもたらした。タワー・ハムレット（Tower Hamlet）のアイデア・ストア（Idea Stores）やハンプシャー（Hampshire）のディスカバリー・センター（Discovery Centres）などの再開発計画は、連携組織やカウンシル[1]の他の部門に、非常に大きな関心を巻き起こした。

われわれの生きる社会では、知識、スキル、情報が、経済的にも社会的にも、そして市民としてもますます重要になってきている。

---

1 英国の地方自治体は、カウンシル（議会）とそれを補佐し行政事務を執行する事務組織からなるが、カウンシルは執行機関でもあり、それぞれの自治体を住民は一般にカウンシルと呼称することが多い。

ノーフォーク・アンド・ノリッジ・ミレニアム記念図書館は、ほとんどオープンプランで、貸出用図書もレファレンス用蔵書も、アクセスしやすいよう一緒に置いてある。学習スペースとコンピュータは、建物全体に散らばっている。子どものためのエリア、地方史、企業情報のエリアがあり、さらにホワイエには、人気の高い資料をちょっと読んだり自分で貸出手続きしたりできる特急サービスのエリアがある。このエリアは毎晩午後10時30分まで開いていて、古典やベストセラーが本屋の棚のようにずらりと並んでいるし、コンピュータを使って電子メールを出したり簡単な質問をしたりできる。職員は図書館の再設計に加わるよう奨励され、カスタマー・ケアや情報技術の新しい訓練計画が導入された。職員はいまや自律的に働いており、自主管理チームがサービスのさまざまな面の責任を負っている。

ノーフォーク・アンド・ノリッジ・ミレニアム図書館の利用者たち
ノーフォーク図書館・情報サービス部提供　撮影：ジャクリーン・ワイアット社

2.16　年間図書館計画［用語解説参照］や公共図書館基準[1]［用語解説参照］という枠組は、改善に向けて一貫した戦略を引き出すために徐々に発展してきた。英国読書協会などの公益団体、オープニング・ザ・ブック社[2]［用語解説参照］などの民間団体、ビル・アンド・ミリンダ・ゲーツ財団（Bill & Milinda Gates Foundation）、ポール・ハムリン財団（Paul Hamlyn Foundation）、ウォルフソン財団などの財団、図書館・情報専門家協会（CILIP）や図書館長協会（SCL）などの団体も、図書館サービスに新しい考え方を増進する点で重要な貢献をしている。

1　なお、この基準は2004年10月に新たに改訂が行われた。http://www.culture.gov.uk/global/publications/archive_2004/library_standards.htm
2　http://www.openingthebook.com/

2.17 ビーコン・カウンシルの計画「コミュニティ資源としての図書館」は、公共図書館サービスのイメージを高め、優良実践例を普及させた。しかしながらその革新の多くが、とぎれとぎれでむらがあり、短命だった。中央政府も地方自治体も、もっと多くの図書館がサービスを著しく改善できるよう、よりよいやり方を見出せるよう協力しなくてはならない。そのためには、図書館を後退させる制約を見つけ、それに対処しなくてはならない。

制約と課題

2.18 公共図書館システムはその長所と活力にもかかわらず、多くの課題に直面している。これからの10年間における可能性を最大限に実現しようとするならば、これらの課題に取り組まなくてはならない。

2.19 まず一つの問題は、断片化である。細かく断片化されたシステムには、漂流と停滞の危険がある。149の図書館担当機関が、3000以上の公共図書館を運営しているのだ。このことは、国レベルの政策の策定と遂行に図書館が寄与することを困難にしている。出資するかもしれない民間企業や想定される協力者になる可能性のある者も同様である。

2.20 ディジタル技術が大きな役割を果たすとき、断片化はさらに不都合だ。情報技術システムは、共通の標準やプロトコルを必要としている。図書館は音楽やフィルムのアーカイブなどのディジタル・コンテンツの権利を得なければならない。これらの権利獲得には、国レベルの交渉がふさわしい場合が多いだろう。

2.21 断片化は学習を困難にする。図書館担当機関の間の実績には大きな不均衡があるが、それは必ずしも財源の多寡によるものではない。しかし優良実践例を識別し、抽出し、広める仕組みは、他の行政サービスにくらべて劣っている。図書館には、もっと効果的に失敗を確認し正して、優れた提案を見出し広める仕組みが必要だ。それができないと、革新的な企画も孤立してしまうだろう。

2.22 図書館指導者は、政策立案においてもまた対外的に住民一般に対しても、図書館への国民的な支持の欠如を嘆いている。結果として図書館は、当たり前だと思われたり、見過ごされたりする危険を冒している。スポーツや芸術との対比は教訓的だ。プロ・サッカーの試合に行く人より図書館に行く人の方が多い。劇場に行く人より図書館に行く人の方が多い。スポーツや芸術には国民的なお手本があり、国民生活に欠くべからざる要素とされている分野のために注目を集める主張を述べる支持者があるのに、図書館にはそうした支持者はいない。

2.23 地域レベルでは、図書館はしばしば、地方公共団体のより大きな部局の中に埋もれている。ビーコン図書館の担当機関など、もっとも革新的な地方公共団体の多くは、図書館がその経営戦略で果たすことのできる役割を認めている。図書館はそれに応えてきた。しかし他の多くの地方公共団体では、図書館サービスの潜在力は開発されていない。

2.24 公共図書館政策は文化・メディア・スポーツ省に責任がある以上、図書館への基本的な財源は、地方公共団体に対する副首相府からの無担保包括的補助金(unhypothecated block grant)の一部として交付される。つまり、とくに図書館に対して割り当てられるものではない。もう一つ、教育・雇用訓練省からの財源も大きい。中央政府は、図書館を含む地方公共団体のサービスを2005年までに電子化するため、2001年から2006年の間に6億7500万ポンドの追加予算を地方公共団体に交付する。

2.25 図書館はいくつもの局面で高まる競争にさらされている。2002年5月に出された監査委員会報告書『よりよい図書館サービスの構築』によると、1992/1993会計年度[1]以降、図書館来館者数は17％、貸出冊数はほぼ4分の1減っている。図書館から本を借りた人の数は、3年前と比べると23％減っている。図書の貸出は図書館活動の一指標にすぎないが、1992年度以来、25％減っている。同じ時期、本の売上は25％増加しているが、これは出版社と書店が書籍再販協定を破棄し、より激しい価格戦略と利用時間の延長、購入方法の刷新をした時期にあたる。また監査委員会報告書は図書館サービスを含む36の「ベスト・バリュー」[2]査察の結果から、図書館は非利用者より現在の利用者に焦点を合わせる傾向があると指摘している。同時に、55歳以下の図書館利用者の割合が減っている。報告書によれば、現在の利用者に焦点を合わせているため蔵書内容が年配者向けであること、非利用者は週末や夜遅くに開館してほしいと常に要望していることを指摘している。

2.26 必要な職員を獲得し維持するという点でも、図書館は厳しい競争にさらされている。図書館員としてのスキルは、情報処理や検索で成長している企業においても役に立つようになってきた。その結果、図書館学校の修了者[3]は民間企業に行くようになっている。もっと年上の職員の場合、離職者は少ない。若い職員と新しいスキルの導入は少なくなっている。全国宝くじ基金による、図書館員に対する情報通信技術訓練計画を例外とすれば、継続的な職員を育成するための投資は限られている。30年以上前に図書館専門職として採用された指導者世代は、この何年かのうちに退職を迎える。経営管理とマーケティング技術にたけた若い世代の図書館指導者を養成することが、緊急の優先課題である。

『よりよい図書館サービスの構築』
2002年5月　監査委員会

図書館サービスは地域住民が望むサービスに資源を振り向ける必要がある。とくに、
- 住民が望み必要とする図書と情報サービスを用意する。
- 地域住民に都合のよい開館時間帯にして来館しやすくし、共同利用機能がもっと活用でき、インターネットを使って家庭からもサービスを使えるようにする。
- サービスを簡単で楽しく使えるようにする。とくに書店でなにが人々をひきつけているのかに注目する。
- 提供しているサービスを使わない人々に、気づいてもらう。

1　英国の会計年度は4月を期首とする。このケースでは1992年度とする。
2　もっとも経済的、効率的かつ有効な手段を利用して、コストおよび質の両面を対象とする明確な基準を満たしてサービスを提供することを義務づける政策。
3　図書館学校は、英国では学部と大学院修士レベルの教育を基本とする。

3　図書館の新しい使命

　ロンドンのタワー・ハムレット区は、新しい種類の図書館をつくり出そうとしている。「アイデア・ストア」である。図書館をいつも利用するのはタワー・ハムレット区民の15%にすぎないことが判明して、当局は図書館の徹底的な見直しに着手した。生涯学習へのニーズにほとんど対応できていなかったし、区民の24%は基本的なスキルの支援が必要だった。

　最初のアイデア・ストアは2002年にオープンした。週7日、合計71時間開いている。ホワイエでは勉強も読書もできるし、広いカフェで食事もできる。ホールのいたるところにインターネットにつながるコンピュータが置かれ、すぐ使える。図書館職員は成人教育と図書館の経験者で、一つのチームに統合され、同じTシャツを着ている。最初のアイデア・ストアの試作モデルの一部は改装された図書館で、100年を経ていたが、鮮やかな色彩とモダンな家具のおかげで、レコード店かインターネット・カフェのようになった。来館者は3倍になり、貸出は65%増えた。

　アイデア・ストアは、図書館がどうなれるかの、現代的な新解釈である。図書と情報の蓄積のそばで、職員は、人々が学習したり、仕事を探したり、公共サービスを利用したり、ただ愉快に過ごしたりするのを助けている。これから2、3年のうちに、アイデア・ストアというブランドは、専用の建物をもつ地方公共団体の間に大々的に広まり、やがては現在の図書館建築に取って代わるだろう。

ボウ（Bow）にある、プロトタイプのアイデア・ストア
ロンドン・タワー・ハムレット区提供

3.1 アイデア・ストアは、図書館が新しいイメージ、サービス、目的意識に基づいていかに自らを再生するかの一例にすぎない。例はほかにもたくさんある。ハンプシャーでは「ディスカバリー・センター」をつくって、図書館と博物館、保健医療施設、余暇活動、電子政府のサービスを統合しようとしている。図書館に行くことで、思ってもみなかったつながりを発見し、新しい活動に引き寄せられるというわけだ。リバプール（Liverpool）の図書館情報サービス部は、「ライブラリー・プラス」（Libraries Plus）によって、すべての図書館がスポーツ、保健、教育、職業支援などの付加的なサービスへのリンクを提供している。

3.2 図書館の再生にはしかし、ブランドの更新が必須なわけではない。スタッフォードシャー（Staffordshire）は伝統的な図書館サービスから再生した好例だろう。「ベスト・バリュー評価：図書館の使命」という最終報告書が2001年1月に出され、現代の利用者のニーズを明確に把握し、他のサービスと連携して、図書館サービスをつくり直すことが提唱されている。カウンティ全体で主要な図書館の改修計画が開始され、移動図書館のルートは人口の変動に合わせて引き直された。新しい受取・返却ポイントがオープンした。オンラインの会員制度やリクエスト、24時間電話更新サービスが導入された。ほとんどの図書館が土曜の午後も日曜も開館している。

図書館をいかに再生させるか

3.3 図書館担当機関がどのように自らを再生させようとしているか、これらの例からいくつかの重要なメッセージが浮かび上がる。

- 将来の図書館のイメージやブランド設定には、唯一のビジョンはない。その地域の状況に合わせて工夫し構成する必要がある。
- 職員を活気づけ、顧客と結びつけ、協力者をひきつけ、財源を引き込むためには、サービスのビジョンをもつことが欠かせない。
- ビジョンは、利用者と非利用者を調査し、かつ直接にかれらにかかわり、その現代的なニーズをよく理解した上で設定すべきである。
- 図書館が提供すべき現代のサービスは、教育、学習、余暇、保健、電子政府との連携がますます前提となってくる。成功している図書館は、常にこうした他のサービスと同じ場所に置かれて、他のサービスを担う人とチームを組むことがしだいに多くなっている。
- 図書館は場所である。見たり感じたりできる有形なものが、なお大きな問題である。図書館は便利な場所になくてはならない。設備もよく、週末でも夜でも、必要なときに開いていなくてはならない。
- 成功している図書館サービスは、見た目でも感覚的にもイメージでも、そしてアウトリーチでの接触においても、利用者に使命を伝えている。図書館はオープンで、暖かく迎えてくれるところだと思われる必要がある。だから、カフェやトイレ、家族や小さい子どものためのスペースが欠かせない。
- 図書館のもっとも新しい抜本的な発想も漸進的なものである。図書館の歴史的な力に基づいているからだ。アイデア・ストアやディスカバリー・センターなどの新しいブランドも、図書館の役割を現代的な環境に合わせて新解釈したものである。
- 成功している図書館のサービスは孤立していない。図書館が地方公共団体の政策の中で、学習と社会的一体化を促すというはっきりした役割を担っていれば、活況を呈する。図書館が社会の幅広い目標に寄与していることを示せば、それだけ図書館に対する支援も集めることができる。

3.4 使命感をもつ図書館は最高に活気がある。将来の図書館の成功は、多様な地域社会に対応

する使命感を継続的に更新し伝えているかにかかっている。現代社会においては、楽しみ、娯楽、情報、学習のために大変幅広い情報源にアクセスできるが、一方ではとくに読書、学習、ディジタル・サービス利用の機会そして能力の上で、社会的不平等がある。

3.5 結果として、図書館の現代的使命は四つの要素に基づいている。

1) 漸進的発達

図書館は、読書・非定型学習・自助の推進という、独特の長年培った力を、積み重ねていかねばならない。図書館の新しい役割やサービスは、核となる伝統的なスキルから浮かび上がるものである。

2) 公共的価値

図書館は、公共の関与が大きな便益をもたらすような領域、たとえば成人のリテラシー向上や就学前学習を促すことに、重点的に取り組むべきである。

3) 示差性（独特であること）

図書館は、開かれた、分け隔てのない、自助の文化を積み重ねていかねばならない。他の公共部門や民間プロバイダーの活動と重複してはならない。図書館は独特の力を発揮しつつ、異なるスキルをもつ他者と常に協力して行く必要がある。

4) 国レベルの計画の地域に合わせた運用

全国計画は、国レベルのパートナーや財源を呼び込むとともに、図書館サービスが他の公共サービスや住民全般にとってパートナーであることをはっきりさせるよう、策定すべきである。国レベルの提案は地域のニーズ、流儀、優先度に合わせられるよう柔軟なものでなくてはならない。「市民のネットワーク」はその好例であり、全国計画によってインターネットやディジタル・スキルへの公共アクセスを提供したが、地域によってさまざまな方法がとられた。図書館はこの種の計画をさらに立案し遂行しなくてはならない。

3.6 図書館が現代的な使命をいかに達成するかを示す上記の四つの指標に、次の三つの領域は合致する。

■読書と非定型学習の促進
■ディジタル・スキルや電子政府などのサービスへのアクセス
■社会的排除を克服し、地域のアイデンティティを構築し、社会参加を進展させる方策

3.7 これら三つの主題は、図書館の現代的使命の核心を占める。

ボウにある、試作モデルのアイデア・ストア
ロンドン・タワー・ハムレット区提供

4　本、読書、学習

質の高い蔵書

4.1　図書館と本とは、ほとんどの図書館利用者にとって同義語である。コミュニティのニーズに合うよう注意深く選ばれた幅広い蔵書がなくては、図書館はうまくいっているとはいえない。多くの図書館は、蔵書の質、収集範囲と包括性、需要への素早い対応を、当然のこととして自負しているはずだ。優れた図書館は利用者のニーズに合わせて、人気のある本は需要を見越してそれなりの冊数を用意しておくし、文学的遺産としての作品はいつも揃えている。しかし、監査委員会報告書『よりよい図書館サービスの構築』は、残念な結果も示している。利用者の59％しか、図書館で借りよう、使おうと思っていた本を見つけられていない。蔵書の分析によると、若者の心をひきつける本や、20世紀の古典が少ない。図書購入費はこの10年で、予算全体の15％から10％に減っている。報告書は同時に、図書館担当機関の3分の1は、本をもっと早く書架に並べることで、蔵書を効果的に運用できると指摘している。

読むことの重要性

4.2　現代の生活において、読むことはさらに重要になっている。読むことはイマジネーションを刺激し、創造性を高める。読むことは学習の自立を促す。読むことはさまざまな興味を結びつける、終わることのない旅に読者をいざなう。

4.3　インターネットの隆盛も、読むことを追放しはしない。ほとんどのウェブページはテキストで構成されており、より多くの人に読むことを働きかけている。消費者調査によれば、読むことに費やす時間は増えている。成人の52％は、本を読むことでリラックスしたりストレスを解消したりしているし、27％は現実逃避の手段として、24％はイマジネーションを働かせるために本を読んでいる。成人の3分の2と子どもの半分以上が、なにかを探し出すために本を読んでいる。

4.4　読むことの意義はしかし、個人の利益をはるかに越え、社会の利益となる。新聞や政府刊行物を読めなければ、意欲的に活動する市民になるのは難しい。保証書や契約書が読めなければ、知識のある消費者になるのは難しい。法律の文書が読めなければ、契約や取引を始めるのは難しい。多くの文化的な営みは読むことによって深みを増す。劇場に行くことから、CDのジャケットやサッカーの日程を読むことまで。読むことは、会話を共有したり、コミュニティに加わったり、家族の絆を深めることにつながる。「～を読んだ？」という問いかけは、もっともありふれた、会話のきっかけである。

4.5　読めないことにより、人は孤立してしまう。自分の可能性から、周囲の社会から。ますます文字で書かれたものがあふれる文化の中で、読めないことは、社会的にも経済的にも深刻な結果、社会的排除につながる。イングランドでは700万人以上の成人が、識字に問題があると推定される。革新的な図書館担当機関は、非定型な自発的学習こそ、社会に学習習慣を醸成すると考え、読書と学習の戦略の統合を図っている。

4.6　公共図書館の使命においては、読む能力、

「ブックトラスト」[用語解説参照]が民間資金で立ち上げた「ブックスタート」は、子どもに本を与えるのに早すぎることなどないという理念に基づき、1992年にバーミンガムで始まった。巡回保健士が生後7～9か月の赤ちゃんを訪問する際に、簡単な包みを配る。包みの中には無料の絵本と、童謡を書いたランチョンマット、赤ちゃん向けの本のリスト、地域の図書館への案内が入っている。

　導入から10年経ち、ブックスタートは全国的な事業となった。学術的な研究によれば、ブックスタートを受けた赤ちゃんは、入学時にはしっかりした読書家になっているし、ブックスタートを受けた家族は子どもをよく図書館に連れていくようになり、読書を楽しい活動として挙げるようになっているという。一度本を読み終えたら、それが始まりとなるのだ。ブックスタートを受けた子どもは、5歳で物語に加わるようになり、物語について質問したり、自分の生活と物語を関連づけたりするようになる。

ブックスタートの導入に際して、ウィンザー・アンド・メイデンヘッド・ロイヤル・バラの議長と親子たち
ウィンザー・アンド・メイデンヘッド・ロイヤル・バラ図書館サービス部提供

さらに重要なのは、読みたいという欲求を高めることが欠かせない。

図書館はどうしたら、読書する国民に貢献できるか

4.7　図書館は単に大量の本を提供するものではない。読むことの喜びを経験したり味わったりするのを助けるのだ。図書館が読書に対する施策をいかに考え計画するかについては、ここ数年で重要な変化があった。学習の手段としてだけでなく、生活における創造的で、想像力にあふれた読書の役割を、認識するようになっている。読者の育成戦略もずっと幅広くなり、若者にも年長者にも、読書を始めるように働きかける。10代でも成人でも、読むようになった人にはもっと面白い本を探すのを手伝う。興味を同じくする人々を、読書の団体や催し物を通じて結びつける。図書館から離れていく人に対しても接触して、意欲を起こさせる読書の力をていねいに説明する図書館が増えてきている。

楽しみのための読書を奨励する
ロンドン・サットン区図書館・文化遺産・登録サービス部提供

1　http://www.booktrust.org.uk

> 英国行刑庁が統括するすべての刑務所には、図書館担当機関による図書館サービスがある。進歩的な管理体制にあっても、受刑者にはたっぷりと手持ち無沙汰な時間がある。したがって、読むことは刑務所では重要な余暇活動になりうる。十分な図書館サービスの支援があれば、なおさらである。「ビッグ・ブック・シェア」（The Big Book Share）はノッティンガム（Nottingham）市図書館・情報サービス部、英国読書協会、ノッティンガム刑務所、マークス・アンド・スペンサー社のコミュニティ部門、イースト・ミッドランド芸術評議会と23の児童書出版社が共同で行っている事業である。図書館員が2週間ごとに刑務所で講座を開き、受刑者たちが本を選ぶのを手伝い、受刑者たちの子どもの読書を支援する。受刑者たちは訪れた子どもとともに本を読んだり、子どもが家で聞けるようお話をテープに録音したりすることで、読む技術を高めていく。

4.8 図書館が読者を増やす取り組みは、ますます洗練されてきている。図書館担当機関は共同で、リージョンの範囲でも全国的にも展開可能なプログラムとなるような、新しい組織をつくっている。「夏休み読書チャレンジ」は、その一例である。4年前まで、図書館担当機関はそれぞれ夏の読書プログラムを実施していた。これを今では英国読書協会が連係づけ全国的なプログラムとしており、スケールメリットを生かして、各図書館もより効果的にサービスを広報できている。もう一つの好例は、2002年に英国読書協会が、「スプラッシュ・エクストラ」（Splash Extra）という政府の事業に図書館の参加を結びつけたことである。これは罪を犯す可能性のある若者を対象にした夏期の啓発活動である。英国読書協会はイングランドの10の図書館担当機関、さらに地域の少年犯罪対策チームや青少年サービス担当と共同で、「スプラッシュ・エクストラ」を開催している。夏の間中、読書に関連するマルチメディア技術のさまざまなプログラムを実施し、好評を博している。その結果、指定した若者グループから2500人が参加した。彼らのほとんどは、以前は図書館に足を踏み入れたことがなく、言葉や本や読書の世界は彼らにとって未知の、縁もゆかりもない、敵地のようなところだったのだ。

> ノーザンプトンシャー（Northamptonshire）図書館情報サービスは、2001年に乳児へのブックスタートを始めた。「夏休み読書チャレンジ」では学齢期の子どもに、夏休みに6冊の本を読むよう奨励している。夏のブックバス（bookbus）で、プレイスキーム（日帰りキャンプ）やリテラシー・スクール（補習学校）に行く。物語フェスティバルには7000人の子どもが参加した。新進作家になるためのオンライン・ワークショップも開催。インターネットによる新しいツールは、新しい本が探せて興味をひくだけでなく、地元の読書クラブにも刺激となるだろう。

4.9 情報通信技術はますます読者育成支援に使われるようになる。オープニング・ザ・ブック社が開設した「どの本ネット」（whichbook.net）では、興味や好みに応じて小説を選ぶことができる。新しい訓練計画も進行している。図書館担当機関と地域芸術評議会の共同による「ブランチング・アウト」[1]は、文芸振興（literature development）のための地域活動計画を策定している。DCMSウォルフソン計画の資金［用語解説参照］によるパイロット・プログラム「読書の未来」（Reading Futures）は、若者の読書のためのサービス計画の質の高い枠組を構築している。さらに図書館は、読者のニーズや、将来獲得するものへ及ぼす読書の影響を、より理解するための研究に投資している。

---

1 読者育成のためのオンラインの資源。www.branching-out.net

4.10 この章で述べる例は、新しい利用者に図書館が読書をすすめるさまざまなアプローチのうちのいくつかを示しているにすぎない。英国読書協会やオープニング・ザ・ブック社などの振興団体は、図書館が変革を考え読者育成を進めるために、重要な役割を果たしてきている。社会の中で読書を奨励することは、図書館だけの仕事ではない。チルドレンズ・ローレイツ（Children's Laureates）[1]などのベストセラー作家たちはここ何年か、読書を手の届くもの、わくわくするものにするため、さまざまなことをしてきた。ブッカー（Booker）、ウィットブレッド（Whitbread）、オレンジ、カーネギー（Carnegie）などの各賞は、読書を強く奨励している。

「チャターブックス」（Chatterbooks）は4～12歳の子どもを対象とする読書グループの全国ネットワークで、オレンジ社（Orange）が出資し、公共図書館ネットワークと連携し、ローンチパッド（Launchpad）という独立の図書館振興組織が統轄していた。チャターブックスは、若者にもっと大胆に本を選び、本について語ったり本を選んだりすることに自信をもってもらうのが目的である。オレンジ社は、ネットワークづくりや職員の訓練、ベスト・プラクティス・ハンドブックの作成など必要な事業に出資してきた。オレンジ社はさらに、参加するすべての子どもたちに質の高い読み物を提供するためにも出資している。今では70の図書館担当機関がチャターブックスに参加している。チャターブックス事業に対するオレンジ社の評価は大変高い。あらゆる種類のコミュニティにおける草の根の活動、とくに困窮地域における活動などが、もっとも高いレベルに会社のプロフィールを押し上げている。オレンジ社の職員にとっても、奉仕活動に参加する機会となっている。

リバプール図書館情報サービス部は、エッジヒル（Edge Hill）の閉鎖的な黒人の若者たちや、ひきこもりの読者に、選択肢を増やす働きかけをしてきた。出版社や書店と連携して新しい文芸を奨励するブランチング・アウトに参加している33の図書館担当機関の一つであり、オレンジ賞による奨励活動に参加している例でもある。

「ノーベル・ルート」（Novel Route）はアメリカン・エキスプレス社（American Express）、ウェスト・サセックス（West Sussex）とブライトンの図書館による計画である。アーツ・アンド・ビジネス・サウスイースト（Arts & Business South East）はこのプロジェクトの初期段階における重要なパートナーで、アメリカン・エキスプレス社と図書館との契約を仲介した。このプロジェクトは「ブックス・アンド・ビジネス」（Books & Business）[2]を英国サウス・イースト地域に初めて導入するもので、創造的な読書に焦点を当て、図書館と企業がいかに連携できるかをリージョンの枠組みで試そうとする。

読者育成担当者はまず、バージェス・ヒル（Burgess Hill）とブライトン（Brighton）にあるアメリカン・エキスプレス社のオフィスで、職員を対象にランチタイム読書講座を開く。本は地域の図書館が提供した。読者育成担当者がかかわることによって、どちらのオフィスも経験を共有することができ、図書館の存在感も増す。図書館職員もこれにかかわることで、図書館以外の環境で働くのに必要な新しいスキルを育てることになる。アメリカン・エキスプレス社はオフィスのスペースを貸し、職員に参加を許可することで支援している。同社はさらに、プロジェクトを祝い、懇親の席で将来の活動についての可能性を検討する機会をつくり、従業員と図書館員、地域の教師を集めるプロジェクト終了イベントに出資している。

---

1 http://www.childrenslaureate.org/
2 DCMSウォルフソン公共図書館チャレンジ・ファンドの財政的支援の下にビジネスと図書館との連携によって読者育成を行なおうとするプログラム。

公共図書館と学習

4.11　公共図書館は、定型教育と並行し、さらにそれよりずっと広い範囲にまで及ぶ学習ネットワークを用意する。公共図書館は定型教育を補完し拡充することで、定型教育の効果をより高めている。

4.12　図書館が読書を推進するときの中心的な活動は、学習を支援する際にも重要な要素となる。読書とリテラシーとは表裏一体であり、読書への意欲と楽しみは、生涯学習をする人を増やすのにもっとも重要だ。図書館がすすめる、いわゆる非定型の自主的な学習は、英国においてさらに深みのある学習文化を創造するために重要である。この状況では、人々は学校教育を終えても学ぶことを期待し求め、趣味や興味に取り組み、情報リテラシー[1]のスキルを高め、創造的になり、刺激を受け、職業上のあるいは職業とは別のスキルを高める。

4.13　公共図書館は、教育支援に明確に分類された役割を担っている、学校や専門学校や大学、それに学校図書館サービスが形成する学習者のための図書館設備という、より広いコミュニティで重要な要素である。企業や非営利団体の図書館も、学習を支援する役割を理解しつつある。図書館同士の連携は、ますます柔軟になった学習形態に沿って機関から機関へと移る学習者への支援を強める。

学習という文化

学習は義務や負担ではなく、習慣や文化となる。

学習は学校や専門学校に入る前から始まり出た後にも続けられる必要がある。

学習者は扱いやすく柔軟な、ニーズに合ったパッケージに、学期やコースごとに参加できなくてはならない。

定型教育の経験が少ない人々には、特別の励ましや、学習の段階に立ち戻るための小さなステップが必要である。

図書館の役割

図書館は自ら進んでする学習に威圧的でない環境を用意する。図書館では必ずしも正規のコースに入らなくとも、趣味や興味を追い求めることができる。図書館は学習を、探求や自己開発として推奨する。

図書館は、老いも若きも、生徒も学生も、成人の学習者も、だれもが学習に参加できる数少ない場所だ。

図書館は、非定型の個人の学習、学習のためのクラブやサークル（地方史などの）づくりをやらせてくれるとともに、さまざまな短い夜間や昼間のコースを提供する。

図書館は"学習に着手する"ための機関であり、子どもであれ学習に戻る成人であれ、学習の着手に役立つ点で秀でている。図書館は必ずや学習文化の基盤を提供する。

1　必要に応じて情報や情報手段を主体的に選択し、かつ活用していくことのできる個人の基礎的な能力。

ケンブリッジシャー（Cambridgeshire）のマーチ図書館は継続教育の専門学校ではないが、幅広い講座を提供している。地元の専門学校もマーチにおける学習機会を、図書館にあるラーンダイレクト・センターと一体化させている。マーチ図書館は学校ではないが、子どもたちが時間外の勉強に使っている。また、学校でついていけない子どもたちを指導するチューターと連携し活動の場を提供している。新しく設計された図書館は、学習がいかに図書館サービスの不可欠な、しかし非定型なものとして行われうるかの好例である。新しい図書館は2年前に開館したが、地域住民に対し、"学びたいことを、学びたいように、家庭でもグループでも、できるようにします"とすすめている。

学びたい人はだれでも、学びたい内容にかかわらず、個人学習アドバイザーと話して最良の学習法を推薦してもらうことができる。学習者は思うままにコンピュータ・コーナーで勉強したり、講座に参加したり、遠隔学習に登録したり、本を借りたりできる。図書館はラーンダイレクトに加えて、英国コンピュータ協会（ECDL）やOCR（新CLAIT: Computer literacy and information technology、コンピュータ・リテラシーと情報技術に関する資格試験）の認定講座を開催している。

マーチ図書館で学ぶ人々
ケンブリッジシャー図書館情報サービス部提供

4.14 図書館は生涯にわたる、知識欲に導かれた学習のための、重要なネットワークである。広範囲にわたる専門家との協議の結果によれば、公共図書館サービスは以下の三つの領域に活動を集中させるのが望ましい。

- ■早期学習を支援する。
- ■生徒と学生を支援する。
- ■年配の学生を支援する。

早期学習への支援

4.15 早い段階からの学習活動が認知的能力の発達のために重要であることは、研究によって明らかになっている。早い段階からのサービス提供という点で、図書館の役割がしだいに認識され主張されるようになっている。シュア・スタート（Sure Start）プログラムは、恵まれない地域の幼児とその家族への組織的・総合的な支援だが、公共図書館との密接な結びつきを奨励している。シュア・スタートは、"シュア・スタート地域で幼い子どもたちが両親と一緒に図書館を利用するのを増やす"というそれぞれのプロジェクトの目的を包含している。シュア・スタートとかかわることで、図書館も幼い子どもたちへのサービスを提供するようになる。過去2年間で130以上の乳幼児向けサービスの部署が図書館に創設された。

ピーターリー（Peterlee）のシュア・スタートは図書館と協働して、「読書と遊びクラブ」（Read and Play Club）による教育的成果の向上を目指している。ピーターリーのシュア・スタートの調査では、この地域の就学前の幼児のうち6.9%しか、図書館サービスを利用（すなわち、過去1年間に本を借りたことがある）していなかった。「面白い」学習資料、たとえば本やビデオやおもちゃなどが、シュア・スタートの「読書と遊びクラブ」に用意されている。シュア・スタート地域の子どもはそれぞれ、自分独自の「本の虫」（Book Worm）図書館カードをもっている。シュア・スタート計画はカウンティ図書館サービス部との2頭立て馬車だ。6週間の間に、図書館をよく利用する0～4歳の子どもの数は2倍になった。

4.16 図書館にとっての課題は、これを中核的な活動として明確に位置づけ、国の早期学習戦略の要素とすることだ。

生徒・学生への支援

> ストックトン・オン・ティーズ（Stockton on Tees）地域の図書館はどこも、専用の宿題用資料があり、インターネットやCDが使えるパソコンがある。訓練を受けた職員が、宿題支援の集まりを開催している。

4.17 図書館サービスの多くは、学校の勉強を助け補足することで、学齢期の子どもとの関係を深めている。ハートフォードシャー（Hertfordshire）の図書館サービスは、もっとも初期に宿題クラブをつくったものの一つで、すでに5年が経過している。ハイトン（Huyton）のページ・モス図書館は社会福祉部門と共同で、学校でついていけない子どもに、非定型学習をさせるサービスを始めている。

4.18 政府がイングランドで新しく始めた13～19歳の若者を支援するサービス「コネクションズ」（Connexions）[1]を実施するにあたり、図書館は重要な役割を果たすようになりつつある。この計画は、情報へのアクセスや、訓練を受けたアドバイザーによる個人的な対応によって、若者を支援するものである。図書館はどちらの機能においても重要な役割を果たす。

> バーミンガム中央図書館は、コネクションズの情報ポイントとなっている。ここはコネクションズを支援する強力な地域の図書館戦略の中心で、コネクションズのチームを館内に設立し、行動支援サービス担当（Behavioural Support Services）の教育サービスとして図書館に差し向けられる照会に対して協力している。

4.19 学校図書館サービス（School Library Services）は、イングランドの学童のほぼ4分の3の学習を支援している。このサービスはしばしば公共図書館によって運営され、学校と公共図書館とをつなぐのに欠かせない役目を果たす。カリキュラムを理解することによって、図書館の宿題支援の準備が充実できる。このサービスは公共図書館がもっと効果的にリテラシーを高め読書を推進できるようにしばしば連携し、地域レベルで図書館の情報通信新技術学習ネットワークと学校の情報通信技術の設備とをしだいにつないでいく。

4.20 図書館は学齢期の子どものためにきわめて重要な選択的で補完的な学習サービスを提供できる。今後の10年間に、次の図書館サービスを展開することが望ましい。

■ 学校図書館サービスや学校図書館協会とともに地域の学校と協働して、カリキュラムを充実・拡大するための読者育成計画を策定する。

> ベッドフォードシャー（Bedfordshire）図書館の宿題センターは、週に2回夜まで開館し、「宿題センターのまとめ役」がいて、図書館職員も支援している。宿題を助けてほしい子どもはだれでも歓迎されるが、センターの利用者として想定されているのは8～13歳である。どのセンターも図書館の中にあり、専用の勉強スペースがあって、蔵書が使えるし、インターネット、CD、ワープロやその他ソフトが使えるパソコンが何台もある。宿題センターの職員は子どもたちに効率のよい情報資源を使うように指導する。本でも情報通信技術でも、その両方でもよい。2001年にできた最初の二つの宿題センターは大変成功し、恒久的な財源を得ている。さらに二つの宿題センターが最近開設された。

---

[1] http://www.connexions.gov.uk/

- 最貧地域の学校と強力な連携を築き、子どもたちが図書館を使うように働きかける。
- すべての図書館担当機関と宿題クラブをつなぐ全国ネットワークを構築し、地域のすべての中等学校に対し何らかのサービスを提供する。実際のクラブか、図書館を通してチャネル4の「ホームワーク・ハイ」(Homework High)[1]サービスなどのオンライン資源にアクセスするのでもよい。
- 「夏休み読書チャレンジ」を利用して、長い休みにも学習を続けるようにし、"夏の学習低下"を最小限に食い止める。でないと秋学期の始めの週は、ギャップを取り戻すことに費やされてしまう。このことはまず、小学校から中等学校に入るときに起こりがちである。小学校を卒業する子どもはだれでも、図書館の「夏休み読書チャレンジ」の勧誘を受けるだろう。
- 保護施設や犯罪少年施設にいる子どもたちのための国レベルのプログラムをつくる。

4.21 これらの提言をひとまとめにすれば、学童に対する定型教育の機会を支援し拡大することができる。

> 「ブックス・オン・ザ・ムーブ」(Boox on the Move)はリーズの図書館情報サービス部とバーナード(Barnardo)[2]とが共同で、保護を要する若者の情報ニーズに対応するプログラムである。13～16歳を対象とし、積極的な読書習慣をつくろうとするもので、もともとは性に関する保健情報へのニーズに対応するのが目的だったが、若者の生活すべてを対象とするよう拡大された。

年配の学生を支援する

4.22 図書館を学習の核心にかかわらせる上で大きな影響力のある戦略として、サンダーランド(Sunderland)における公共図書館、専門学校、大学の図書館サービスの協力が挙げられる。これらの図書館は連携し、サンダーランド図書館アクセス計画(LASH: Libraries Access Sunderland Scheme)をつくった。LASHは公共・短大・大学図書館をつないで、利用者にすべての施設を提供している。公共図書館とサンダーランド・シティ・カレッジとが共同で、130の公開講座を開設している。市内の図書館が、アウトリーチ・サービスや学習振興に重要な役割を果たしている。

4.23 継続教育や高等教育を受ける割合が高まるにつれ、学生の学習スペースや関連資料への需要は増す。公共図書館は、遠隔学習プログラム、たとえばラーンダイレクトの講座に参加する人にとっての学習センターとして、重要な役割を果たす。LASH計画の成功は、学習戦略を展開する他の市でも、これを学び応用すべきことを示唆している。

成人の基礎的スキル

> サンダーランドの図書館サービス部は、成人の基礎的学習のための市の振興戦略において、重要な役割を果たしている。サンダーランドでは人口28万9500人のうち約4万3000人が、リテラシーの全国平均を下回るとされている。ヘンドン(Hendon)図書館はサンダーランドでも早くから成人向け基礎スキルの短期集中コースを、サンダーランド・シティ・カレッジと共同開催した。ヘットン(Hetton)は炭坑の閉鎖に見舞われた地域で、2003年に多目的センターが開設される。このセンターは、図書館と電子庁舎、学習センター、開業医共同手術施設、住宅仲介、在宅看護サービス、スポーツ施設、ジョブ・リンケージ[3]、コミュニティ室、カフェ、社交や訓練など多目的に使える部屋、そして情報サービスが複合する。

---

1 学科ごとの質問に答えてくれるなどのメニューがある。http://www.channel4.com/homework/index.jsp
2 子どものための慈善団体。
3 地域の住民が職をみつけるのを支援するサービス。

4.24　政府の「生活のためのスキル」(Skills for Life) 戦略は、2007年までに150万人のリテラシーと言語・計算のスキルを改善することを目標としている。図書館は成人のリテラシーを高める計画に、さまざまな方法で重要な役割が果たせることを示してきた。図書館は教わることから得るものの多い人を見分けるのにとてもよい立場にあり、そうした人がもっとたくさん得られるように後押しし、授業の内容を他のサービスに組み入れることができる。図書館はコースのためのいわば非定型な環境を用意するのだ。

4.25　文化・メディア・スポーツ省と教育・雇用訓練省は、リソース、全国学習・技能委員会（National Learning and Skills Council）、英国リテラシー・トラスト［用語解説参照］と共同で、図書館が成人の基礎的スキル対策を支援する方策の内容を探りつづけるだろう。

むすび

4.26　このような構想が、今後の10年間に、国中で"読書と学習を提供する"という図書館の核心部分となるだろう。この提案は全国プログラムと地域での読者育成と学習のプロジェクトとを結びつけるだろう。どちらのアプローチも必要なのだ。図書館は読書振興戦略を地域コミュニティ特有のニーズに合わせて展開できなくてはならないし、一方で国レベルの図書館プログラムのニーズがある。たとえばブックスタートは、国全体の学習の形やリテラシーに影響を与える可能性がある。図書館・情報専門家協会の「子どもとともに始める」(Start with the Child)は、ブックスタート、夏休み読書チャレンジ、さらに授業時間外学習支援の三つを、すべての図書館サービスの核として形成すべきだとしている。

生涯学習を支援する
ロンドン・バーネット区図書館サービス部提供

5　ディジタル・シティズンシップ

> リーズ（Leeds）の図書館情報サービス部は、コミュニティ・ウェブ・サイト[1]の作成を支援している。このコミュニティには地理的なものだけでなく、共通の関心や共通の言語という意味でのコミュニティもある。
>
> このウェブ・サイトの利用者は、自身のウェブページをつくることを通じて、民主主義へのかかわりを深め、情報通信技術上のスキルをも学ぶことができる。計画や学校などのカウンシルの提案や決定は、地元の問題としてウェブ・サイトに掲載され、ウェブ上でフィードバックを受け、決定へという段階を踏む。

5.1　公共図書館は、インターネットが普及するようになる140年も前につくられた。しかもインターネットを活用する能力でみれば、公共図書館は、コミュニティに働きかけ学習を奨励するためディジタル技術利用を工夫する第一線にある。多くの人たちは、インターネットをもっと個々人に合わせたサービス利用という消費者優先主義を可能にする道具だと見ている。しかし、インターネットは、協力、分かち合い、仲間同士のサービスを奨励するための強力な道具でもある。図書館が先駆的な役割を果たしているのは、インターネットが社会的に大きな可能性をもつこの分野だ。

5.2　「市民のネットワーク」に対する投資は、図書館にディジタル時代における潜在力を現実化させるという意味で最初の重要な一歩となった。新機会基金を通じて行われた宝くじ収益の投資によって、図書館職員にコンピュータ・リテラシーと学習者支援技術を提供できただけでなく、2002年12月までに、イングランドのほとんどの公共図書館にオンライン学習センターができた。基金のうち5000万ポンドを擁するプログラムにより、

ストックトン中央図書館オープン・テクノロジーおよび英国オンラインセンター
ストックトン・オン・ティーズ・バラ・カウンシル提供
撮影：ピーター・マーナー・アンド・フォトグラフィ

1　地域に住む人々がつくる地域情報・地域住民コミュニケーション・サイト。http://www.bbc.co.uk/southyorkshire/myspace/index.shtml

オンライン上のコンテンツを製作している。

5.3　インターネット利用のこの勢いは、ディジタル・ディバイドが生じる可能性を暗示している。失業者や職場でインターネットへのアクセスができない人々、それに高年齢者は、オンライン・サービスによってもたらされる機会や便益をおそらくは享受していない。図書館サービスは、インターネットへのユニバーサル・アクセス、電子政府サービスの提供という政府の公約の実現に不可欠な役割をもっている。

5.4　「市民のネットワーク」を通じて、図書館は情報技術を使って次のことを実行する。

- ■**行政サービスへのアクセスの提供**：2005年までに、すべての行政サービスがオンライン上でアクセスできるようにする。図書館は、電子政府サービスへのユニバーサル・アクセスを実現する最前線となる。イングランドの3000の図書館におかれた英国オンラインセンターは、だれもが情報通信技術の機器を利用し、かつ必要な支援を受けられることを保証する。

> ロンドン・サットン区では、広範囲にわたるコミュニティ情報データベースへのアクセスが、情報通信技術の発達によって、すべての図書館のPCからも家庭からも、図書館のウェブページを通して利用可能になった。このウェブページの「24時間参考図書館」では、新聞とマスコミ、政府情報、保健と社会保障、法律相談と消費者アドバイス、教育と生涯学習などの、リージョンや全国の豊富な情報へのリンクを提供している。また、ウェブページは、住民がカウンシルの各部門に対し情報の提供を求め、行政サービスについて意見や苦情を述べる窓口も提供している。その際、どのような方法で回答を受け取りたいのかも選ぶことができる。

- ■**地域サービスへの新しいリンクをつける**：図書館は、既存サービスへのアクセス提供以上のことをしている。もっとも革新的なことは新しいサービスをつくることである。

> ダービーシャー（Derbyshire）の図書館は、1998年からインターネット・アクセスを提供しており、45の図書館すべてがブロードバンドで接続されている。賞をとったワイヤレス・ネットワークは、孤立して条件の悪い21のコミュニティに、大型移動図書館3台を使ってインターネット・アクセスを可能にした[1]。図書館利用者はウェブベースのシステムによって、目録にアクセスし、オンラインのサービス処理ができるようになった。このサービスの新たな開発は、民間部門と公的部門の連携による成功の事例となった。また、このサービスは、地方公共団体サービスの近代化計画において要となるものである。図書館は、年配の人々に情報通信技術と情報サービスを提供することにおいて大きく前進した。これは、カウンシルの社会福祉サービス担当部局と連携して行う幅広い試みの第一歩となった。図書館は、年配の人々のための種々のサービスの、最初に当たるべき情報源となるだろう。

- ■**オンライン情報サービス**：図書館は、自らの現在のサービスを新しいやり方で提供するために、インターネットを使う。結果として、図書館は、新しいオンライン・コミュニティや活動をつくり出している。

---

[1] 三つの受賞がある。http://www.umbrella2003.org.uk/speakers/gentr.html

> リーズの図書館情報サービス部では、「インクワイアリ・エクスプレス」(Enquiry Express) というサービスをつくった。これは無料のサービスで、電話、ファックス、メールによって、宿題、一般知識、時事問題、法律について24時間、週7日いつでも問い合わせができる。最長でも24時間以内の回答が約束されている。ゲーツヘッド (Gateshead) バラ・カウンシル図書館サービス部は、オンラインですべてを行う「アスク・ア・ライブラリアン」(Ask a Librarian) という、地域の歴史、サービス、文化について回答するサービスを始めたところだ。

- **コンテンツ作成**：図書館は「市民のネットワーク」からの資金を使い、地元のコミュニティにふさわしいコンテンツをつくること、またコミュニティ・グループにかれら自身のコンテンツをつくり、ディスカッション・グループを組織する機会を提供している。地方史や家系に関する情報のオンラインでの提供など、図書館と文書館がコミュニティの帰属意識を形成するために協力し合う場は、広範囲にわたる。

> ノーズリー (Knowsley) では、図書館職員が第二次世界大戦とビクトリア時代のノーズリーについてのイントラネット・サイトを、地域の学校のために立ち上げた。これは、地方史、地理、オーラル・ヒストリーを学校の歴史カリキュラムに結びつけている。学校図書館の責任者の提案を発展させ、地域の博物館や学校との連携に図書館を巻き込んでいる。

5.5　リソースは、どのように「市民のネットワーク」を発展させるべきか、図書館担当機関とさまざまな点について幅広く検討する場を設けた。全国的に行きわたるプログラムの基本を形づくる新たなアイデアには、次のものがある。

- **コミュニティ・オンライン**：リーズの例を踏まえて、公共図書館は地元のコミュニティ・グループのためにウェブ・サイトをつくり、維持・管理するというサービスを提供できよう。この活動は、図書館を地域のコミュニティ・オンラインの中心と位置づけるだろう。
- **カルチャー・オンライン**：最近つくられたカルチャー・オンラインは、面白くて新しい、インタラクティブなオンライン・コンテンツを提供するだろう。図書館は、インターネットを通じてこれへのアクセスを提供し、新しいコンテンツを生み出すという役割を果たす。
- **ナショナル・コンテンツ**：リソースは、公共図書館を代表して、全国的にオンライン・コンテンツの協定をとりまとめる中心的な役割を果たすことができよう。ウエストミンスター (Westminster) のオンライン音楽会社との連携は、図書館が提供可能な新しいオンライン・サービスの例である。ウエストミンスター図書館[1]の利用者は、現在、約1万のクラシック音楽の録音についてダウンロードしたり、聞いたり、録音リストを調べたりできる。
- **放送局との提携**：図書館サービスと放送局は、非定型の、家庭での学習という共通の関心領域を検討できよう。図書館は、放送局のオンライン・サービスを通じて学ぶ人々のための、重要な物理的な窓口になるだろう。
- **情報**：いつでも図書館員に質問でき、どんな質問にも迅速に答えることをめざしている、リーズの「インクワイアリ・エクスプレス」、ゲーツヘッドの「アスク・ア・ライブラリアン」などの地域サービスを踏まえて、リソースは図書館でしばしば尋ねら

1　http://www.westminster.gov.uk/libraries/special/music/index.cfm

れるような質問にオンラインで答えるという全国サービスの見通しを検討する。
- ■**オンライン学習**：リソースは、「市民のネットワーク」を通して提供する、特別に設計された新しい学習サービスを展開させるために、**ラーンダイレクト**で現在進行しているような、オンライン学習のための新たな機会を探索する。

> Online@Malvern は、モールバン（Malvern）図書館の正面玄関のすぐ近くの一番よい場所に設置されていて、来館者が貸出図書館や学習センターを容易に使えるように配慮されている。学習センターは、ウースターシャー（Worcestershire）カウンティ図書館サービス部とウースター工科カレッジとの連携で設置された。職員全員がカレッジに雇用され、地域のほかのオンライン・センターも受け持っている。センターが開館しているときにはいつも最低1人の学習者支援アドバイザーがいる。アドバイザーは全員、多少とも情報通信技術について支援でき、他の専門的な援助は必要に応じ提供される。センターはPC18台を提供しており、無料の大きな駐車場、そして近くにはカフェがある。センターは夕方遅くまでと土曜日を含む週5日開館している。学習者は18歳から90歳までと幅広く、コンピュータ入門とワード入門は一番人気のあるコースとなっている。
>
> センターには、ラーンダイレクトに登録している学習者が20人いる消防署や、ラーンダイレクトをスタッフと顧客に推奨するジョブ・センター、コースをスタッフとメンバーに奨励し繁華街の店でプログラムを宣伝させてくれる地元のキリスト教書店など、数々の地域の組織とのよいつながりがある。

むすび

5.6　英国オンラインの「市民のネットワーク」と情報通信技術学習センターをつくるための新機会基金からの1億2000万ポンドの投資は、ディジタル学習、そして地域活動や地域の創造性のためのセンターとして十分な役割を果たすという強い立場に図書館を置いた。

5.7　この情報基盤が現在ではできあがり、また多くの図書館職員がインターネット利用について訓練を受けて他の利用者を支援しており、リソースはコンテンツやサービスを創造すること、それにオンライン上の活動をするための戦略策定に重心を移している。

5.8　この戦略では、コンテンツ、学習、サービスとコミュニティ・オンラインが中心課題となるだろう。図書館担当機関は、地域サービスを地域のニーズに適合させなければならない。しかし、公共図書館サービスは全体として、全国のコンテンツ、データベース、そして資料へのアクセスを可能にしなければならない。

6　コミュニティと市民的価値

　ワシントンのコンコードに1300万ポンドを費やしてつくられたサンダーランド・ミレニアム・センターは、社会的に大変に恵まれていない地域にある。新しいセンターが、古い図書館の建物にとって代わった。それは、コミュニティの幅広い人々との対話により、市議会、ミレニアム委員会、全国運動場協議会（National Playing Fields Association）との連携によって建設された。センターの中心は、図書館と電子ビレッジ・ホールと呼ばれるオンラインセンターである。初年度、14万人がセンターを訪れ、8万人が図書館を使った。最年少登録利用者は4か月の赤ちゃんで、最年長は84歳だった。センターの周囲には、投光照明が設置されている多目的スポーツエリア、若者向けにデザインされたオンラインセンター、アートスタジオ、託児所、カフェ、ディスコ・エリアがある。センターには、60ものコミュニティ利用者グループが登録している。また、センターは、キャリア・サービス、就職フェア、健康生活プログラム、犯罪防止企画を催している。

6.1　コミュニティには、説明しがたい、目に見えない特質がある。それはしばしば、失われたときに初めて価値あるものとわかる。図書館は、人生に意味を見出すのを手助けする。図書館は、営造物としてアクセスできることが重要だが、図書館サービスは、建物の中にとどまらず、建物の外にまで広げていかなければならない。多くの図書館サービスには、そのようなアウトリーチ・サービスのやり方がある。たとえば、ブリストル（Bristol）図書館は、セント・ポール（St. Paul）地区でサービスを提供しているし、ウォルソール（Walsall）の革新的なオンライン学習バスは、地域の住宅街を巡回している。またケンブリッジシャーとサフォーク（Suffolk）では、街の中心地から離れた田園地域にサービスを提供している。図書館は、家から離れられない人や、自宅療養している人々に対するサービス提供の長い伝統をもっているのだ。

6.2　図書館は、近隣の人々やコミュニティのみんなの頼みの綱である。図書館は、安心感を人々にもたらす。多くの人々には図書館は、コミュニティ全体に開かれた安全で歓迎される、分け隔てのない場所として認識されている。図書館は、さまざまな社会的階層を越えて、人々をひきつけている。

6.3　しかしながら図書館は切迫した課題に直面している。これまでの利用者のニーズに応えつづける一方、築いてきた蔵書の更新や、利用したことのない人への働きかけが問題となっている。チェスターフィールド（Chesterfield）などの成功している既存の建物ばかりでなく、ペッカム、ボーンマス、ノリッジの、人々を元気づける新しい建物は、街の中心部で図書館がうまくいくことによる波及効果を実証している。成功した図書館は、人々を街の中心にひきつけ、経済的な効果をもたらすと同時に、人々に買い物や商業的娯楽以外の選択肢として、分け隔てのない、個人的空間を提供する。

6 コミュニティと市民的価値 | 39

> 　ブラックバーン・ウィズ・ダーウィン（Blackburn with Darwen）中央図書館は、既存の建物と予算によって徹底的なサービス改善をした例である。年間100万人以上の利用者があるこの図書館は、地方公共団体の公共サービス合意書（Public Service Agreement）による資金提供によって、100万ポンドをかけて改装するところである。図書館は、基礎的スキルのオンライン学習や若い人たちに向けたサービスにより、そしてカフェや、気軽に立ち寄れる場所として、利用を飛躍的に向上させよう。図書館の3階部分は、学習ゾーンになる。職員が利用者のためにもっと時間をかけられるよう、貸出・返却のセルフサービス・システムが用意される。

ペッカム図書館　撮影：レン・クロス 2000
ロンドン・サウスワーク区図書館・博物館サービス部提供

6.4 図書館の建物に対する新たな資金源を切り開くこれらの構想から、学ぶべき貴重な教訓がある。文化・メディア・スポーツ省とリソースは、図書館サービスの予算措置のしかたと、現代化の計画に関して、こうした例を集め、推奨し、広めるよう一緒に活動することを企てている。

> サフォーク図書館・文化遺産サービス部の図書館リンク（Library Link）は、農村コミュニティにおけるサービスの新たな方向を展開するための実験的な事業である。リンクはそれぞれが、頻繁に交換される蔵書をもつ「ミニ図書館」である。同時に、すべてのサフォークの図書館にアクセスするための、ネットワークで結ばれたコンピュータがある。この図書館リンクは、村の店や郵便局にあり、場所貸しに払う賃料が場所を提供する事業者にとっての貴重な収入となる。このプロジェクトは、村の施設を維持するというサフォーク・カウンティ・カウンシルの政策を推進している。

6.5 図書館は、こなくなった利用者や非利用者に接触する努力や、現在の利用者を維持する努力を強める必要がある。監査委員会報告書は、現在の図書館利用者でさえ週末の開館やもっと柔軟な開館時間の設定を要求していると指摘している。快適な環境で実現されるサービスのもっとよいマーケティングが求められる。監査対象の3分の2では、ベスト・バリュー政策による見直しが、サービスは何のためか、なぜサービスは必要なのかという問題に挑まず終わっており、監査対象の半分では、利用者と非利用者に対する意見聴取が妥当なものではなかったことが明らかにされた。

6.6 読むことに困難がある人と、社会的に排除される可能性が非常に高いコミュニティに属する人たちにとっては、図書館は、コミュニティの象徴というよりは、自分にとってあまり縁のない、むしろ気分を萎縮させる場所のように受け取られるかもしれない。

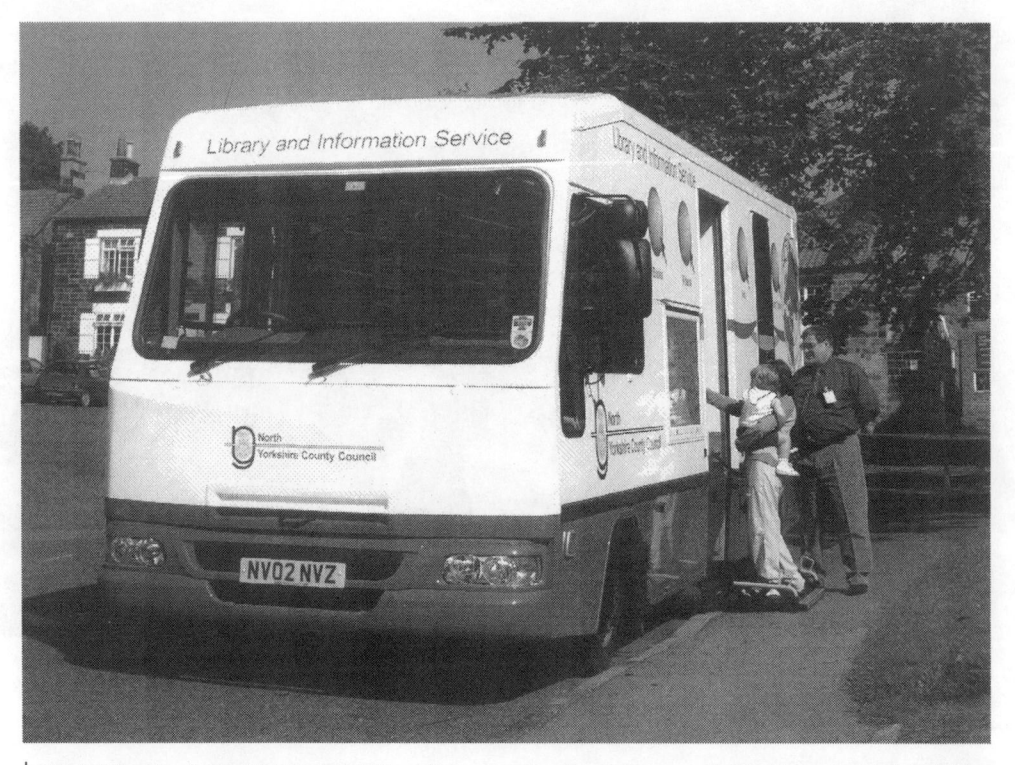

地域社会のすべての場所にとどけるサービス　ノース・ヨークシャー・カウンティ・カウンシル提供

ファザカーリィ（Fazakerley）コミュニティ図書館　リバプール図書館情報サービス部提供

6.7　1999年、文化・メディア・スポーツ省は、『すべての人に図書館を』（Libraries for all）を出版した。この出版物は、分け隔てなく人々を取り込む公共図書館サービスを地方公共団体がどのように展開すればよいかについてのガイドラインである。非利用者に図書館サービスを届ける方法の一つは、たとえば複合施設に図書館を設置するなど、他の公共サービスと緊密に協力することである。図書館が積極的にそして想像力をめぐらせ、利用者はむろんのこと非利用者の考え方をもつかみ、その考え方を新しいサービスに生かすとき、図書館は、コミュニティの触媒としてその可能性を実現する。うまくいっている図書館サービスは例外なく、学校、社会福祉サービス、警察、博物館、余暇サービスとの協力と連携のネットワークのもとに提供されている。たとえば、ウォルソールの図書館8館は、博物館2館、劇場1館、住宅サービス、学校2校、二つのコミュニティ・センターとの複合施設である。他の地方公共団体でも、診療所や健康センターと図書館とを結びつけている。

6.8　すべての図書館は、サービスを届けることとの難しいグループや個人を特定し、かれら独自のニーズがなんであるかをはっきりさせ、さらに必要なときはサービスを再設計することによって、それらの人々に合ったプログラムを設定する必要がある。そして、社会的包摂の障害がなくなるようにするのである。この重要な仕事にすでに成功している図書館では、サービスの設計と実施にコミュニティの人々を頻繁に関与させている。

6.9　政府が地方公共団体に要求しているのは、地域の継続的発展の実現に寄与するような、経済的・環境的・社会的福利を推進するコミュニティ戦略の準備である。地方公共団体は、この戦略を遂行するために、地域の暮らしを向上させ活性化するための幅広い権限を与えられている。将来「地域文化戦略」（Local Cultural Strategies）[1]は、コミュニティ戦略の

1　http://www.sportdevelopment.org.uk/html/culturalstrategy1999.html

> ロンドン・バーネット区図書館サービス部は、社会的包摂の推進と、地域コミュニティにおける多文化と多様性をたたえ周知させることを、重要な目標の一つにしている。中国系コミュニティについてのプロジェクトがうまくいき、中国系住民の住む地域において図書館サービスへの理解をより深めた。グラハム・パーク（Grahame Park）図書館では、住民に図書館を紹介し、かれらが図書館に登録するよう、オープンデーを設けた。中国語の新しい蔵書とパンフレットが用意され、地域の中国系コミュニティ協会と東洋人街（この地域の小売業集合体）との連携のイベントが催された。

一部となるだろう。図書館の計画過程がコミュニティ計画と関連していることは重要である。そうすることによって、地元のコミュニティの幅広い優先事項に図書館が寄与することが認識され、他のサービス政策と統合される。

6.10 コミュニティ戦略は「地域戦略パートナーシップ」（Local Strategic Partnership）[1] との連携で準備されるべきだ。異なるサービスを提供する組織が一緒になってなにが公共サービスの共通の優先事項であるかを決めるためである。地域戦略パートナーシップは、各地域のためのコミュニティ戦略の「所有権」を育成することを奨励しており、図書館が地域戦略パートナーシップと効果的なつながりをもつことは不可欠である。

むすび

6.11 図書館は、われわれのコミュニティにおいて頼みの綱となるものである。図書館は市民社会において、もっとも基本的な構成要素である。市民生活を安定させるという役割を続けるためには、図書館はコミュニティにおけるあらゆるニーズに関連していなければならないし、建物はその目的に沿うものでなければならない。

6.12 そうしたニーズを決め込んだり、あたりまえだと思ったりすることはできない。図書館は、図書館では落ち着かない気持ちになる人なども含む非利用者のニーズを探し求め、理解し、そのニーズに応えることに熟達しなければならない。

6.13 図書館担当機関は、現在は利用していないが利用者になる可能性があり、提供されるサービスから多大な利益を受ける可能性のある人々のニーズをとくに重視し、サービス対象のコミュニティのニーズを調査し見直す必要がある。このことが、地方公共団体コミュニティ戦略に含められるべきである。

> 図書館は、われわれのコミュニティにおいて頼みの綱となるものである。図書館は市民社会において、もっとも基本的な構成要素である。

クックハム（Coockham）図書館
ウインザー・アンド・メイデンヘッド・ロイヤル・バラ図書館・情報サービス部提供

---

[1] http://www.neighbourhood.gov.uk/lsps.asp

7 改革の実行

7.1 　図書館は、現代社会における役割についての説得力のあるビジョンをもつだけでは十分ではない。そのビジョンは、公共図書館ネットワーク全体にわたるサービスについて目に見える改善を達成するための確実な計画に裏づけられなければならない。

7.2 　図書館サービスは、きわめて分権的で分散されたシステムによって運営されている。イングランドでは、149 の図書館担当機関が 3000 を超える図書館を運営している。図書館の強みは、地元とつながっているという感覚である。すなわち、サービス対象コミュニティとの結びつきや地元の幅広い共通課題に取り組むというかかわりである。この結びつきの基盤は、図書館は地方公共団体の資金提供を受け、地方自治体に対して説明責任を負うということにある。

7.3 　しかしながら、どんな組織構造においても、強みは弱点ともなる。難点の一つは、分権的ネットワークは、サービス全体としての戦略的方向の欠如を招くことである。分散における危険性とは、たとえば、リーダーシップを発揮させることや情報技術の基準についてなど、図書館ネットワーク全体として共有するニーズを認識し取り組むことがより難しくなるということだ。結果的に図書館の資源共有の機会がときどき見落とされる。

7.4 　この「基本的考え方」のめざすところは、中央政府、地方公共団体、図書館担当機関が公共図書館サービスのなにを優先させるかを、ともに見出すための道筋をつけることである。文化・メディア・スポーツ省は、このアプローチが地域固有のニーズに応えるサービス提供という地域の責任と両立しうることを請け負う。

7.5 　次の事項は、この新しい戦略的な構想を実現するための鍵となる。

- ■さまざまなサービスや目標を実現する組織としての公共図書館サービスの役割について、中央政府と地方自治体の認識を深めること
- ■国とリージョンのレベルにおける部門ごとのより強いリーダーシップ
- ■公共図書館サービスの継続的発展を推進するために、地方公共団体のパフォーマンス管理体制の中で図書館の組織を発展させること
- ■産業界とともに築く新しい関係

7.6 　文化・メディア・スポーツ省は、主要な利害関係者による委員会の協力を得て、これらの分野すべてにおいてリーダーシップを発揮する。利害関係者には、図書館専門職、地方自治体の代表、広くは民間部門や、その他の利益団体などが含まれる。

中央政府の深い認識

7.7 　図書館は中央政府が掲げる社会的・教育的目標の達成に多大な貢献をなすものだというのが、この分析の主な結論である。こうした利益を生み出すために、この「基本的考え方」は、図書館の運営方法に簡略な変更を提案する。それは、図書館サービスは、この「基本的考え方」において確認された中心的な部分に努力を集中するべきこと、同様の全国的なサービスができる限りどの図書館でも得られ

ることである。

一体となった図書館サービスの結合力は、すでに「市民のネットワーク」や夏の読書キャンペーンのようなプログラムを通して明確になっている。私たちは、今このような活動をほかのところにも用いる必要がある。

7.8　この「基本的考え方」は、これらの提案がどのようなものになるかを見きわめるためにすべきことである。それは、定型教育を非定型学習が補い強化する必要性といった、提供されているサービスにギャップがある多くの領域を提示する。図書館サービスは、独自な特徴と強みゆえにそのギャップを埋められるのであり、この「基本的考え方」はどんな方策が必要性を満たすことができるのかを示唆する。例をあげれば、物理的かバーチャルかを問わず、成人が基礎的スキルをつけることを支援する全国的なプログラムや、子どもや犯罪少年など支援を必要とする者へのサービス、宿題クラブの全国ネットワークである。全国的なアプローチを展開してはいないが、これらはすべて今、実際に起こっていることである。次に、われわれは、すべてへのアクセスを保証し、スケールメリットを実現し、他の資金提供パートナーとの交渉を容易にする。

7.9　こうした考えうるすべての方策は、関連する部門との協議によってつくられた。文化・メディア・スポーツ省とリソースは現在、政府内の協力機関と連携して、共同の戦略を策定し、それらの優先順位を決め、政府の重要事項を進展させるのに図書館の手がけられていない部分が活用できる他の方法を考慮する必要がある。これらの計画が確認され展開された場合には、他の中央省庁にとってそのときの優先順位によって資金提供を検討することが有利となるだろう。

7.10　これらの全国レベルの提案は、しかしながら、地元の状況に適合したものでなければいけない。この「基本的考え方」の目的は、図書館担当機関が地域コミュニティのニーズを厳密にとらえ、それに沿って優先順位をつけることである。たとえば、成人のリテラシーにとくに問題のある地域では、図書館サービスは、成人の基礎的スキルをとりわけ優先することになるだろう。

7.11　中央政府の役割は、次のものである。

■全国、および地域の優先課題への図書館の主要な貢献の把握を促す。
■公共図書館サービスに対する、少数にしぼった全国レベルの期待項目を提示する。
■地方自治体と共通の優先事項との関連を明確にする。
■パフォーマンス管理によって継続的な改善を推進する。

7.12　全国的な期待を実現する方法、および地域戦略における図書館サービスの位置づけの方法は、地方公共団体とその協力組織の問題のはずである。この認識が、図書館担当機関に地域のニーズをかなえるのに柔軟で豊かな想像力をもって応える力を与える。

地方公共団体の認識を高める

7.13　特筆すべきは、地域によって図書館サービスの基準がさまざまなことである。最良のサービスは、地方公共団体の責任者が次のようにすれば実現する。すなわち、図書館サービスが地方公共団体の主要な目標を達成するのにどのように有用かを考慮し、それを実現するための戦略を立て、明白な優先順位に従って図書館サービスに資金を配分し運営することである。

7.14　だからこそ、地方自治体と協働している文化・メディア・スポーツ省とリソースの中心

7 改革の実行

> ロンドン・カムデン区の 1998 年「ベスト・バリュー行動計画」は、多くの重要な政策課題に図書館を取り組ませるための検討項目を設定した。図書館の開館時間は、義務教育後の学習機関、青少年サービス、シュア・スタート、キャピタル・キャリア計画[1]との連携によって、20%延長された。図書館は、オンライン学習のための拠点であり、20 のコミュニティ・センターにサテライトが置かれた。重要な投資プログラムが、数館の図書館のコストを賄う資本のチャレンジ・ファンド拠出とともにつくられ、図書館、学習センター、若者対象のリソース・センターが、民営企業との連携で新たに建設された。図書館の戦略は、現在、コミュニティ戦略を強く特徴づけている。

課題は、地方公共団体の責任者たちに確実に、自分たちの図書館がとるべき方法を承知させることである。文化・メディア・スポーツ省は、すべてのサービス部門をとおして地方自治体とのより強固な関係を設定する必要がある。そして、優良実践例を特定し継続的な改善を促進するという、一体化した取り組みを進める必要がある。このことは、リソースや他の省庁以外の戦略的な公的サービス機関（NDPB）[2]を含む、地方自治体白書に対応する、文化・メディア・スポーツ省全体の戦略の一部分として行われなければならない。

7.15 文化・メディア・スポーツ省において、公共図書館サービスを展開させるための政策は、新しい管理職が担当する。その職は、この部門に関連する地方自治体の問題や、結集力のあるコミュニティ（cohesive communities）[3]を発展させる横断的な仕事も扱う。このことは、公共図書館のための政策が地方自治体の課題という幅広い文脈の中で展開されることを保証する。

7.16 これらの課題に実際に寄与するには、しかしながら図書館は今までよりも飛躍的に効果のあるサービス提供方法をとらなければならない。ここで、部門ごとのリーダーシップが力を発揮する。

全国と地域のレベルでの部門ごとのリーダーシップ

7.17 世界で大成功を収めた、活発な図書館サービスの大多数は、小さくて目的が明確にされた組織を中心にしている。この組織が変革を推し進める力になる。シンガポールの国立図書館理事会は、その素晴らしい実例である。オランダとスウェーデンにおける図書館再生のための近年の取り組みは、変革を推進し、協力を奨励する新中央機能の創設によるものだった。

7.18 リソースは、博物館・文書館・図書館の長期的発展について、政府と図書館セクターに助言する権限をもつ戦略的団体である。リソースは次のことを推し進める。

■公共図書館のすべてを見据え、その目的をより明確にする。
■助言から改善へ、活動から変革の推進へという、より大きな機能を果たす。

7.19 文化・メディア・スポーツ省は、図書館サービスを支援するため、リソースに対し次のよ

---

1 キャリア情報・アドバイスを提供する会社　http://www.capitalcareers.ltd.uk/
2 Non-Departmental Public Body
3 コミュニティの共通のビジョンや帰属意識があり、多様な背景や状況を積極的に評価する住民で構成されるコミュニティ。

うな付託事項をまとめた。

- 文化・メディア・スポーツ省とともに、図書館ネットワーク全体にわたる戦略的ビジョンと指導を与える。
- 文化・メディア・スポーツ省とともに、国内政策立案者が政策実現の手段として公共図書館を助成するように、国のエージェンシー（行政法人）や政府部門との折衝において公共図書館のための調整役をつとめる。
- 文化・メディア・スポーツ省とともに、地方公共団体と図書館担当機関が、図書館サービスが幅広い組織課題に貢献しうることを理解するよう支援する。
- 文化・メディア・スポーツ省とともに、図書館の国レベルでの擁護者としての役割を果たす。
- 図書館サービスのための要員の育成案とリーダーシップ・プランを、全国レベルで策定する。
- 革新的な事業に資金提供するため、財団や民間資金援助団体との連携を推進する。
- 情報通信技術の共通基準や全国レベルのコンテンツ合意書の交渉をまとめる。
- 支援を提供し、革新を奨励し、優良実践例を普及させる。
- 共有資源と学習のためのリージョン・レベルの機能を整備する。

7.20 図書館審議会は、新たに委任事項を設定する。構成員は図書館アドバイザーによる小規模の専門家チームとなるだろう。図書館審議会は文化・メディア・スポーツ省やリソースと緊密な連携をとり、この文書に提示したビジョンを検討する。文化・メディア・スポーツ省とリソースは、図書館・情報専門家協会と図書館長協会と緊密に連携をとりつづけ、戦略を推し進める。

7.21 地元レベルにおけるリーダーシップが、このビジョンを実現するために必須である。リソースの将来の役割の中心的な要素は、要員の育成の問題である。とくに図書館サービスに未来に向けての指導者をいかに育成するかである。そのためには、同じような問題を抱えた保健や教育など、他の部門がすでに実施中の優良実践例から取り入れたスキルの不足や訓練と採用の実例の詳細な分析が必要になる。目標としては、図書館サービスに従事する者に求める要件に、さまざまなスキルを容認しより包括的で柔軟なものにすること、そしてリーダーシップ訓練を含む継続的な専門職育成が基準とすることがあげられるはずである。

新しい図書館の開発プラン

7.22 文化・メディア・スポーツ省はリソースに対し、公共図書館発展のための三か年計画を準備するよう指示した。それには、次のものが含まれる：

- 全国的なリーダーシップ・プログラムの作成
- 幅広い要員開発計画の作成
- 学習、オンライン・サービス、コミュニティ関連サービスを所管する政府機関やエージェンシーとのリソースの結びつきの強化
- 「市民のネットワーク」の将来計画の作成
- 技術とサービスにかかわる情報通信技術の共通基準の承認
- 基金や民間資金提供者からの外部資金調達の可能性を探るための、資金調達と事業開発部門の創設
- 公共図書館の効果を示すための調査と評価プログラム
- 新たなパフォーマンス管理・助言システムの実現のための、文化・メディア・スポーツ省への支援

リージョン・レベルの機能

7.23　変革の推進を支援するための、より強固で集中的な権能をもつ中央機関と同時に、図書館にはより強力な次のようなリージョン・ネットワークが必要である。

- 図書や情報通信技術の購入に関して、たとえば、資源を共有しコストを削減すること
- サービス展開において、実際に行われている優良実践例を確認し普及させること
- 国内とヨーロッパ連合のエージェンシーが共同入札するよう推進し助言すること
- 職員育成のための行動計画の作成
- 他の関連サービスとの共同事業や連携を奨励すること
- イングランドにつくられたリージョン開発機構（Regional Development Agency）[1]や学習・技能委員会などの地域機関に図書館をプロモートすること

7.24　これらの施策は全体として、公共図書館サービスに対するリージョンの取り組みに主眼をしっかりと置いている。

7.25　リソースは、博物館、文書館、図書館機能を調整し発展させるためのリージョン・エージェンシーを、イングランドの九つのリージョンそれぞれに組織しているところである。既存の博物館委員会をリージョン・エージェンシーに移行するための追加の資金調達が可能になった。しっかりしたリージョン組織基盤の上に設置されたノース・イースト博物館・図書館・文書館委員会（NEMLAC）[用語解説参照]は、そのようなモデルの一つである。サウス・イースト博物館・図書館・文書館委員会（SEMLAC）[用語解説参照]は、新たにつくられたリージョン開発機構のために、新しい基本的施設の開発にあたっている。

7.26　イングランドの九つのリージョン・エージェンシーは、図書館や他のエージェンシーとの連携を推進し、リージョン全体としての戦略的判断を支援するだろう。エージェンシーが展開されるにつれて、その戦略的ビジョンは図書館固有のニーズに焦点をあてる立場との調整の必要に迫られるだろう。最近のリソースのリージョン・レベルの博物館についての報告書『地域におけるルネサンス』[2]は、リージョンの博物館拠点をつくることを提案している。リソースは、図書館に対しても似たようなリージョン拠点をいかに設定するかについて検討するであろう。すでに、共同改善作業には、多くの成功モデルがある。リソースは図書館担当機関とともに、もっとも効果的なやり方を決定する。既存のもののほかには、次のものがある。

- ロンドン図書館開発機構［用語解説参照］：ロンドンの33図書館担当機関それぞれがメンバーとなり会費を払って開発機構の活動に参加している。これにより小さな組織でも、ロンドンにとっての図書館価値を主張し、資金調達に成功し、ベスト・プラクティスを普及させ共有することが可能になった。
- ビーコン図書館の担当機関と他の革新的な図書館サービス：ビーコンのサービスには、優良実践例と高度の専門知識を広めることが課されている。それによってビーコンは知られるようになったのだ。リソースはこれらの図書館サービスの役割を発展させる可能性を検討する。

7.27　この仕事の一環として、リソースは英国図書館や図書館・情報専門家協会と協力してい

1　九つのリージョンにそれぞれ開発機構がつくられている。http://www.englandsrdas.com/home.aspx
2　http://www.mla.gov.uk/action/regional/00renaiss.asp

る。イングランドの図書館に関するリージョン開発担当官のリーダーシップで、全九つのリージョンの代表は、優良実践例を広め、図書館・情報コミュニティに関する課題を各リージョン・エージェンシーが確実に引き受けるようにするために全国組織と協力している。

課題と改善

7.28　図書館には、さまざまな分野にわたる、地域や全国レベルの重要事項の実現を助けるという中核的役割がある。よりよく機能している図書館サービスは、地方公共団体の幅広い分野での政策課題とうまく一体化している。そして、この文書に見られるように、業務やサービスにおいて外向きであり先進的である。このことは、最高に機能している地方公共団体がコミュニティのために全体としてなにを実現しているかを示している。

7.29　対象コミュニティへの地域サービスにおいて地方公共団体が真の改善を実現するのを支援する幅広いプログラムの一部として、政府は、重要な判断基準のパッケージを発表した。これは、地方公共団体に、予算執行やサービスにより多くの裁量権を与えた。この基準のパッケージは、中央政府の計画要件事項の相当量の削除を含むものである。

7.30　図書館サービスは、この広範な計画の一部である。われわれは、最善の実績をあげるカウンシルが図書館サービスを改善しつづけるように権限を与えたい。最良のサービス提供をする方策をもつカウンシルを支援したいのである。

7.31　「年間図書館計画」が1998年に導入され、「公共図書館基準」が2001年に実施された。これにより、運営責任者が情報を収集しサービスを運営することに関心が向けられるようになった。われわれは今やこの仕掛けから離れ、中央政府の地方自治体との新しい連携の精神にのっとった図書館サービスの計画と提供の準備に移行するのにふさわしいときだと考える。

7.32　年間図書館計画を図書館担当機関の各々に求めるのではなく、2003年度からは包括的業績評価（CPA: Comprehensive Performance Assessment）で全体として「優秀」と評価されたいかなる地方公共団体にも年間図書館計画をもはや要求しないし、図書館サービスが「優秀」とされ、全体が「良好」と評価された地方公共団体にも年間図書館計画を要求することはない。最高の基準に向けて仕事ができていることを証明した図書館担当機関は、翌年の年間図書館計画提出の必要はなく、コミュニティに向けて最上のサービス提供を継続するという重要な責務を果たすことが、われわれは重要だと考える。

7.33　他の図書館担当機関については、この戦略に取り組み、図書館サービスを現代化し改善するための、時間と支援が必要だと考えられる。しかしながら、われわれは2003年度から適用する処置の根本的な簡素化を計画している。

7.34　図書館担当機関は、古い形式での年間図書館計画提出を要求されることはなくなるだろう。その代わりに、前のものよりもかなり簡単な「財務状況表」を提出することが求められるだろう。財務状況表は、以前より大変簡略になり、図書館担当機関が、この戦略と次の三つの大まかなテーマに沿って、サービスをどのように具体化し提供するつもりであるかを明示するための情報にはっきりと焦点が絞られるだろう。

■読書と非定型学習の促進
■ディジタル・スキルとディジタル・サービスへのアクセス（電子政府をも含む）

■社会的排除の解決への取り組み、コミュニティ帰属意識や市民意識の育成

7.35 新しい財務状況表を注意深く検討し、もし2003年度において実績と戦略の遂行への取り組みが満足できるものであれば、それ以降の財務状況表の提出を求めることはない。

7.36 実施準備ができていると、われわれを納得させられなかった地方公共団体のみが、2004年度の財務状況表の提出を求められる。そしてその後は、財務状況表の提出は求められない。

7.37 この方法で次の2会計年度をかけて、政府で採用されているより穏やかな方法に合わせて、必要条件を減らしてもっと削りこむと同時に、進展がまだ必要な地方公共団体に徐々に焦点を絞っていくことを計画している。

7.38 この新たな措置に加え、新しい図書館戦略の課題に沿った情報収集の対応を強化するために他の多くの側面にも取り組むことになる。

7.39 文化・メディア・スポーツ省は、中央政府と地方自治体が必要とする地域の図書館サービスの品質に関する基本的な情報に焦点を当てた、図書館サービスに重要な「ベスト・バリュー・パフォーマンス指標」を把握し、それを進展させるために、副首相府と協力する。

7.40 中央政府は、長期にわたる包括的業績評価によって、図書館サービスについてもっと質的データを収集する必要があることを認めている。文化・メディア・スポーツ省は副首相府の支援をうけ、すでに行っていた監査委員会との有用な協議を継続する。包括的業績評価の成果として知られている、調整されバランスのとれた地方自治体監査のモデルが存在する中で、どのような監査方法が図書館サービスに一番ふさわしいかについての検討である。われわれは、もっとも改善が必要とされているサービスの優先づけと、さまざまな他の重要なサービスの評定に対して図書館のできる貢献について正当な認識を含めること、そしてより広い範囲での共用の優先事項の設定が主要課題であると見ている。

7.41 われわれは、コミュニティ戦略の策定と実行において図書館と他の文化サービスが果たしている役割を十分考慮する。これらのサービスは、さまざまな地域サービスがコミュニティ戦略の過程への関わり方を分析する今度の調査で、きわめてはっきりとするだろう。

7.42 これら新しい対応が展開され前面に出されて、リソース、図書館審議会、地方自治体協会、それに図書館・情報専門家協会や図書館長協会を含む他の公共図書館の利害関係者と緊密に連絡を取り合って仕事を進めることになる。

産業界と新しい関係を築く

7.43 われわれは公共図書館には、企業の社会的責任の重要性を認識している産業界と、相互に利益のある連携を発展させる領域があると考えている。図書館はそのような会社に、地域コミュニティ、生涯学習、そして、社会的排除の解決をめざす社会的責任(CSR)プログラムを遂行するという優れた手段を提供する。

7.44 英国読書協会から頻繁に支援を受けている革新的な図書館は、近年では、かれらの活動に対して企業のスポンサーシップを呼び込み注目すべき成功を収めている。事例研究にあげられているものには、図書館が出版社、書店、著者、それに読書奨励活動を支援するスポンサーと連携する機会が示されている。このような連携や資金提供の取り決めは、プロジェクトが当座ねらったものよりも、はるかに多くのものをもたらしてくれる。プロジェクトの仕事場が、図書館の新しい顧客を獲得するの

に役立つこともある。産業界との連携が、図書館職員に能力開発のチャンスを与えることもできる。たとえば、公的・私的セクターのノウハウの共有が有益となりうるビジネス監査やスキル向上のプログラムに図書館員が招かれたりしている。このような緊密な連携によって、図書館コミュニティは、産業界の中に図書館支持者をも増やすことができる。

7.45 多くのことが行われてきたが、まだまだ十分ではない。私企業のスポンサーと文献の世界の連携は、他のセクターと芸術界の間ほど強くはない。文化・メディア・スポーツ省とウォルフソン基金が資金提供した「ブックス・アンド・ビジネス」(Books and Business) プログラムは、産業界との連携のポートフォリオをつくり始めている。英国読書協会は、主要な業務項目の一つに、産業界と連携した読書活動の必要性を盛り込んだ。

7.46 産業界との新しい関係を築くことによって、図書館は、マーケティング、仕事場で発案される新顧客へのアクセス方法、プロジェクトのための新たな資金源の利用などの、重要なスキルを入手し恩恵を得るだろう。ビジネス側にとっても、存在のアピール、企業の評判を高める、職員能力開発の機会を得るという利益がある。

7.47 産業界との連携を成功させるには、時間とノウハウが必要である。この分野における他の専門家とともに働くことに関して、リソースは、新しい任務の一部として、図書館と産業界との結びつきを支援する方法を検討する。

ウェスト・サセックス (West Sussex) の図書館サービス部は、2002年に「市民のネットワーク」の一環として、35図書館に無料の公共インターネット・アクセスを提供する情報通信技術設備を設置した。このサービスによって、利用者に図書館の新しいサービスを宣伝することができた。また、図書館は、サービスの存在を図書館の非利用者に周知するために、地域の会社からマーケティングの専門家を招き、長期にわたるマーケティング戦略を導入した。ネットワーク支援組織である「アーツ＆ビジネス・スクール・サウスイースト」(Arts and Business School South East) は、彼らのスキル・バンク・データベースを使い、この手はずを整えることができた。

「カウンティ・ビッグ・ブック」(County Big Book) 事業は、カンバーランド住宅金融組合 (Cumberland Building Society) とカンブリア (Cumbria) カウンティ・カウンシル教育・図書館部との連携で行われた。カンバーランド住宅金融組合は、企業の社会的責任を果たす一環として、かれらの資金提供なしでは実施が難しく、地域コミュニティに有意義な貢献となる、地元の計画を支援することを希望していた。組合はこの地域活動への貢献によって、社会的な評判を高め、組合が思いやりのある倫理的な組織であること示すことも望んでいた。

　カウンティ・カウンシルの教育局を通して、組合は、最初に学校、アート会場、図書館のためになるリージョンの「教育の中のアート」(Arts in Education) プログラムの支援を始めた。大成功を収めたプログラムは、カンブリアの小学校と「青少年向け図書館サービス」(Young People's Library Service) が参加した「カウンティ・ビッグ・ブック」プロジェクトだった。小学校は、児童が書いた大型絵本のストーリーを集め、審査員会に提出する。3冊の本が選ばれて出版され、カウンティ中に配布される。このプロジェクトで組合は確かな手ごたえを得て、地元の問題に確実にかかわりをもっていくために、現在も年間収益の中から継続的な寄付をしている。

2013年の図書館

　この文書の初めに2003年の図書館で手にすることのできるサービスを描いた。次のものは、われわれの2013年のビジョンである。

■本を探しているだれもが、その本が絶版になっていようがなお入手できるものであろうが、図書館を通じその本を利用できることが保証されている。
■すべての赤ちゃんと新しい父母は、赤ちゃんが生まれたその年から図書館に登録でき、早期読書の機会をもつことができる。
■学校に通う子どもたちのすべては、宿題クラブに集まり、夏の活動に参加し、読書グループに入ることができる。
■シュア・スタート地域のすべての家族は、読書に親しむための手厚い援助を受けることができる。
■基礎的なスキルに悩みのあるどの成人も、個人向けの集中的な支援を図書館に頼むことができる。
■公共図書館に登録すればだれもが、高等教育や継続教育の図書館の資料を使うことができる。
■学習や訓練の機会を探しているだれもが、図書館でコースを見つけることができる。
■どのようなコミュニティ・グループも、コミュニティ・コンテンツ・オンラインをつくり、維持・管理するのに、図書館をたよることができる。
■市民のだれもが、図書館を通じて政府のサービス、討論、相談のオンライン利用ができる。
■だれもが全国オンライン・サービスを通じ、図書館に情報を頼むことができる。
■これらのサービスのすべてが、目的に沿って図書館の建物内だけでなくアウトリーチによっても提供される。

　そして、図書館はなお、会員証を見せるようにいわれたり、予約をとったりすることなしに、だれもが学び、発見し、思案し、想像をめぐらす場所である。

付録A　用語解説

DCMSウォルフソン公共図書館チャレンジ・ファンド（DCMS/Wolfson Public Libraries Challenge Fund）：DCMSウォルフソン公共図書館チャレンジ・ファンドは、イングランドにおける公共図書館が提供する施設やサービスを向上させるための文化・メディア・スポーツ省とウォルフソン財団との間の連携事業である。1997年から2002年までの間この基金は、139の公共図書館におけるプロジェクトのために1300万ポンド以上を提供してきた。

英国オンライン（UK online）：政府のさまざまな情報年（Information Age）計画をつなぐ包括的なプログラムであり、2000年9月に首相によって立ち上げられたものである。2002年の終わりまでのイングランドにおける6000の英国オンラインセンターの設置は、プログラムの主要な部分であり、公共図書館は「市民のネットワーク」計画のおかげで英国オンラインセンターのネットワークの約半分を構成している。

英国読書協会（The Reading Agency（TRA））：英国読書協会は、読書をする国民を鼓舞するため、成人担当と若者担当の図書館員のどちらとも新しい方法で協働しようとする図書館振興の機関である。英国読書協会は、ローンチパッド（Launchpad）、リーディング・パートナーシップ（Reading Partnership）、ウェル・ワース・リーディング（Well Worth Reading）の合併により2002年6月に発足した。

英国リテラシー・トラスト（National Literacy Trust）：英国リテラシー・トラスト（1993年設置）は、英国全体のすべての年齢層のリテラシーを向上させることを目的とする独立の慈善団体である。

オープニング・ザ・ブック社（Opening the Book Ltd）：読者の視点から文献を宣伝するという新しいアプローチを開拓した独立の会社。オープニング・ザ・ブック社は、読者のための資源をつくり、読者とつながっている専門職（図書館員、書店、出版者、文化団体、政府機関）に訓練やコンサルタント業務を提供している。

学習・技能委員会（Learning and Skills Council（LSC））：2001年4月に設置。学習・技能委員会はイングランドの16歳以上すべての者に対する教育訓練の資金と計画策定を担っている。LSCは、白書『成功するための学習』に設定された政府の目標に沿った戦略をつくり実行するために、パートナー、雇用者、学習提供者、地域のグループや個人と連携する。

学校図書館サービス（School Library Services）：学校図書館サービスは、学校図書館に対する地方公共団体による主要なサービスである。これには、コレクション貸出、コレクション形成のための助言と支援、教員と図書館員の訓練などのさまざまなサービスがある。スコットランド省、ウェールズ省および北アイルランド代表部文化・芸術・余暇局は、スコットランド、ウェールズ、北アイルランドにおける学校図書館サービスに影響を与える政策に対してそれぞれ責任を負っている。

カルチャー・オンライン（Culture Online）：カルチャー・オンラインは、文化・メディア・スポーツ省が資金を出している計画で、学習者と芸術・文化資源とをつなぐ「ディジタル・ブリッジ」をつくることによって、芸術・文化へのアクセスを増やすことを目的としている。カルチャー・オンラインは2002年から2004年までの間、文化団体や営利団体との連携によって作成された、わくわくするような新しいオンラインあるいは双方向の20から40の

プロジェクトを通じて展開される。

教育・雇用訓練省（The Department for Education and Skills (DfES)）：教育・雇用訓練省はすべての人々に可能性を展開させ優れた成果を実現させる機会をつくるという目的のもとに設置された。この組織は、他の政府機関や省庁横断的機関と協力してさまざまな教育上の課題を解決するものである。

公共図書館基準（Public Library Standards）：公共図書館基準は、文化・メディア・スポーツ省の公共図書館の計画・評価体制の評価手段である。基準は、2001年4月から3か年の間に段階的に実施され、「包括的かつ効率的な」図書館サービスを提供する地方公共団体の法的な義務を明確に設定するのに役立っている。また基準は、中核となるいくつかの活動に対する一まとまりの目標である。この採用以来、図書館担当機関は、文化・メディア・スポーツ省に、年間図書館計画の形でそれぞれの基準に対する実績を知らせてきた。「将来に向けての基本的考え方」の導入にともなって、基準は、それが新しい戦略を十分に反映しているか、また地域のニーズに適合する質のよいサービスを提供しようとしている地方公共団体に不合理な管理的負担を課していないかを確認すべく見直されることになる。

公共図書館サービス（Public Library Service）：イングランドの公共図書館サービスは、149のそれぞれの図書館担当機関によって、移動図書館を含めて3500のサービス・ポイントを通じて展開されている。1964年の図書館・博物館法のもとで、地方公共団体は「包括的で効率的な」図書館サービスを提供する法的な義務を負っている。公共図書館の財源は、地方税の歳入と副首相府からの歳入援助交付金（Revenue Support Grant）を合わせて運営されている。

サウス・イースト博物館・図書館・文書館委員会（South East Museum, Library & Archive Council (SEMLAC)）：サウス・イースト地方における博物館・図書館・文書館部門の新しい地域開発機構。

市民のネットワーク（The People's Network）：市民のネットワークは、新機会基金による1億2000万ポンドの宝くじ資金によってつくられた構想で、2002年までに英国のすべての公共図書館に情報通信技術（ICT）センターを設置し（1億ポンド）、図書館のスタッフにICT技能を訓練して（2000万ポンド）、学習者を支援するものである。イングランドにおいては、新機会基金の資金を得た図書館は自動的に英国オンラインセンターという位置づけとなっている。

シュア・スタート（Sure Start）：シュア・スタートとは、貧困と社会的包摂の問題に取り組む政府の活動の礎石である。このねらいは、0歳から3歳の幼児の福祉と生活機会を、よりよい健康や保育や教育機会を通じて、向上させることである。これは、地域・近隣プログラムを設定することによって、教育、健康、家族の支援などの広い範囲にわたるサービスを提供するために、高い割合の子供が貧困や社会的排除にある地域に集中して実施される。

図書館・情報専門家協会（The Chartered Institute of Library and Information Professionals (CILIP)）：英国における、公共図書館をはじめとして、民間・公共・非営利部門の図書館員と情報管理者の、主要な専門職団体である。図書館・情報専門家協会は、2002年4月図書館協会と情報科学者協会との合併によって発足した。

図書館審議会（Advisory Council on Libraries (ACL)）：文化・メディア・スポーツ大臣に公共図書館に関する勧告を行うために、1964年の公共図書館・博物館法により設置された国の機関である。

図書館長協会（Society of Chief Librarians (SCL)）：図書館長協会は、イングランドとウェールズの図書館長の見解と関心を推進し、図書館への関心と図書館の影響を拡大することを目標とする専門職の協会である。

年間図書館計画（Annual Library Plan）：年間図

書館計画は、文化・メディア・スポーツ省によって1989年に導入された。イングランドの図書館担当機関は、年間図書館計画を通じて、文化・メディア・スポーツ省にサービスの概要、先進的な達成点、そして以前に掲げた目標の達成とアセスメントを報告する。2003年度以降この計画の手順は変えられ、年間図書館計画は簡素化される。

ノース・イースト博物館・図書館・文書館委員会 (North East Museums, Libraries and Archives Council (NEMLAC)) : これは、イングランド北東部の博物館、図書館、文書館のためのリージョン開発機構である。その目的は、リージョン全体にわたり、戦略的なリーダーシップ、アドボカシー、指導、模範的なプロジェクト、およびサービスの提供を通じてこれらの部門の展開を促すことである。

ビーコン図書館 (Beacon Libraries) : 副首相府によるビーコン事業 (Beacon Scheme) は地方公共団体における優良実践例を推奨し、それをすべての地方公共団体に周知しようとするものである。2002年度におけるその課題の一つは、「コミュニティの資源としての図書館」であった。厳密なアセスメントの後、八つの地方公共団体が図書館のビーコンとされた。

ブックトラスト (Booktrust) : 英国における図書と読書に関する全国的な慈善団体。すべての新生児に無料の本を、そして両親にはアドバイスを提供するブックスタートは、ブックトラストが展開している全国的な事業である。

文化・メディア・スポーツ省 (The Department for Culture, Media and Sport (DCMS)) : 文化・メディア・スポーツ省は、イングランドの地方公共団体による公共図書館サービスの実施を指揮監督しその発展を促進する責任を法令により負っている。文化・メディア・スポーツ担当（閣内）大臣はイングランドにおける公共の図書館担当機関が「包括的かつ効率的な」図書館サービスを確実に提供する法令的義務を、1964年の公共図書館・博物館法によって負っている。スコットランド省、ウェールズ省および北アイルランド代表部文化・芸術・余暇局は、スコットランド、ウェールズ、北アイルランドにおける図書館サービスにそれぞれ責任を負っている。

ラーンダイレクト／産業のための大学 (Learn-direct/University for Industry (Ufi)) : Ufi社は1998年に、「産業のための大学」という政府のビジョンを実現するために創設された。「ラーンダイレクト」は、「産業のための大学」のオンライン学習と情報サービスのネットワークである。全国的な試行の成功を経て、2000年10月25日よりイングランド、ウェールズ、スコットランド、北アイルランドにまたがって展開されている。

リソース：博物館・文書館・図書館委員会 (Resource: The Council for Museums, Archives and Libraries) : リソースは博物館・文書館・図書館の長期的な展開について政府と図書館部門に勧告する権限を与えられた戦略的な組織である。リソースは、博物館・美術館委員会と図書館情報委員会の合併によって2000年4月に設置された。リソースは主に文化・メディア・スポーツ省の財源によっている。内局ではない公的機関として、リソースは理事会によって運営されており、理事はリソースの運営のすべてについて文化・メディア・スポーツ省に説明責任を最終的には負っている。[1]

ロンドン図書館開発機構 (London Libraries Development Agency (LLDA)) : この機関は、ロンドン全体の図書館情報サービスの戦略的ビジョンを設定し実現するために設置されている。

---

1 2004年2月から「リソース」という部分を落としMuseums, Libraries and Archives Councilという形［頭字語ではMLA］に変更されている。http://www.mla.gov.uk/

付録B　謝辞

　2002年6月、文化・メディア・スポーツ省は「公共図書館サービスの新たな戦略的構想の作成に関して同省に助言を与える」という委任条項のもとに課題関係者グループを組織した。グループの構成員は次の方々である。

アレックス・スチュアート（Alex Stewart）議長	博物館・美術館・図書館・遺産グループ・ディレクター（文化・メディア・スポーツ省）
クリス・バット（Chris Batt）	図書館・情報社会チーム・ディレクター（リソース：博物館・文書館・図書館委員会）
トニー・ベルメガ（Tony Belmega）	政策開発局次長、成人学習部長（学習・技能委員会）
マーガレット・ベネット（Margaret Bennett）	生涯学習・技術部長（教育・雇用訓練省）
ジョン・ボアジィ（Jon Boagey）	情報サービス部長（全国青少年機構）
リン・ブラウン（Lyn Brown）	文化サービス実行委員会・議長（地方政府協会）
ジョン・ヒックス（John Hicks）	議長（図書館審議会）
ジュリー・ヒル（Julie Hill）	上級プロジェクト・オフィサー（地方政府協会）
ビル・マックノート（Bill Macnaught）	文化開発部長（ゲーツヘッド・カウンシル）
ボブ・マッキー（Bob McKee）	事務局長（図書館・情報専門家協会）
マーチン・モロイ（Martin Molloy）	図書館・文化遺産部長（ダービーシャー・カウンティ・カウンシル）
ミランダ・マッカーニイ（Miranda McKearney）	会長（英国読書協会）
ニール・マックルランド（Neil McClelland）	会長（英国リテラシー・トラスト）
グラハム・ウォーカー（Graham Walker）	中央戦略部長（イー・エンボイ事務所）
アラン・ウェルズ（Alan Wells）	機構長（基盤技能機構）
ジャネット・エバンズ（Janet Evans）	博物館・図書館・文書館部長（文化・メディア・スポーツ省）
マンディ・バリー（Mandy Barrie）	図書館・情報通信技術開発課長（文化・メディア・スポーツ省）
ピーター・ボーシャン（Peter Beauchamp）	主任図書館アドバイザー（文化・メディア・スポーツ省）
ロジャー・ストラットン－スミス（Roger Stratton-Smith）	図書館・地域国際部・地方政府チーム主任（文化・メディア・スポーツ省）
アレックス・ペトロビチ（Alex Petrovic）（事務局）	図書館・情報通信技術開発課・政策アドバイザー（文化・メディア・スポーツ省）

文化・メディア・スポーツ省は、図書館審議会の構成員にその助言と指導に関して謝意を表する。図書館審議会の構成員は次の方々である。

ジョン・ヒックス（John Hicks）	議長（図書館審議会）
クリス・バット（Chris Batt）	図書館・情報社会チーム・ディレクター（リソース：博物館・文書館・図書館委員会）
キース・クローショウ（Keith Crawshaw）	余暇サービス課長（シェフィールド市カウンシル）
デービッド・ボール（David Ball）	学術サービス次長（ボーンマス大学）
ロブ・フロウド（Rob Froud）	カウンティ図書館員（サマーセット・カウンティ・カウンシル）
グラハム・ブルピット（Graham Bulpitt）	学習センター長並びに図書館長（シェフィールド・ハラム大学）
シーラ・レベット（Shelagh Levett）	文化・図書館・博物館サービス部長（ボーンマス・バラ・カウンシル）
ボブ・マッキー（Bob McKee）	事務局長（図書館・情報専門家協会）
マーチン・モロイ（Martin Molloy）	図書館・文化遺産部長（ダービーシャー・カウンティ・カウンシル）
グイネバー・パチェント（Guenever Pachent）	図書館・文化遺産部長（サッフォーク・カウンティ・カウンシル）
デービッド・ルース（David Ruse）	生涯学習部次長（ウェストミンスター・シティ・カウンシル）
ブライアン・スティーブンソン（Brian Stevenson）	コミッショニング検査官（監査委員会）
ロブ・ワーバートン（Rob Warburton）	文化サービス部次長（カークリー・メトロポリタン・ディストリクト・カウンシル）

文化・メディア・スポーツ省は、公共図書館の新しい戦略的構想の策定を支援してくださった次の方々に謝意を表したい。

デービッド・アンダーソン（David Anderson）	学習・解説部長（ビクトリア・アルバート博物館）
ブライアン・アッシュレー（Brian Ashley）	図書館・情報・博物館部次長（ノッティンガム市カウンシル）
アンドレア・バーカー（Andrea Barker）	文化サービス課長（ストックトン・オン・ティーズ・バラ・カウンシル）
ミシェリーン・ビューリ（Micheline Beaulieu）	情報学科長（シェフィールド大学）
グレッグ・バーズアイ（Greg Birdseye）	行政サービス調査部・副部長（監査委員会）
キャサリン・ブランシャード（Catherine Blanshard）	図書館情報サービス部長（リーズ市カウンシル）

付録 B 謝辞

エリック・ボール（Eric Bohl）	顧客サービス担当ディレクター（ロンドン・タワー・ハムレット区）
スティーブ・バンドレッド（Steve Bundred）	事務総長（ロンドン・カムデン区）
ティム・コーツ（Tim Coates）	
シーラ・カラル（Sheila Corrall）	学術サービス部長（サウザンプトン大学）
ヒラリー・コッタム（Hilary Cottam）	学習・行政サービス・ディレクター（英国デザイン協会）
マーガレット・クラウチャ（Margaret Croucher）	研究計画マネジャー（リソース：博物館・文書館・図書館委員会）
ケート・ダベンポート（Kate Davenport）	図書館長（ブリストル市カウンシル）
レイ・デ・グラーフ（Ray De Graff）	情報通信技術戦略オフィサー（北ヨークシャー・カウンティ・カウンシル）
ジョナサン・ダグラス（Jonathan Douglas）	青少年・学校図書館アドバイザー（図書館・情報専門家協会）
シラーズ・デュラーニ（Shiraz Durrani）	マートン図書館・戦略・検証担当オフィサー（ロンドン・マートン区）
ダイアナ・エドモンズ（Diana Edmonds）	常務取締役（インスタント図書館社）
ジュディス・エルキン（Judith Elkin）	コンピューティング・情報・英語学部長（セントラル・イングランド大学）
アニー・エバロール（Annie Everall）	ダービーシャー図書館・遺産部・青年・政策策定担当サービス・マネジャー（ダービーシャー・カウンティ・カウンシル）
イアン・エバロール（Ian Everall）	ブラック・カントリー情報通信技術コーディネーター（ブラック・カントリー・コンソーシアム）
パット・フリン（Pat Flynn）	図書館情報サービス部長（レスター市カウンシル）
トム・フォレスト（Tom Forrest）	取締役（オープニング・ザ・ブック社）
キャサリーン・フレンチマン（Kathleen Frenchman）	渉外担当オフィサー（ロンドン市民の生活のための図書館）
フレッド・ガーネット（Fred Garnett）	コミュニティ・プログラム部長（BECTA 英国教育通信・技術機構）
スー・グリーンフィールド（Sue Greenfield）	図書館分館長（ハンプシャー・カウンティ・カウンシル）
ビブ・グリフィス（Viv Griffiths）	参与（リソース：博物館・文書館・図書館委員会）
ジェーン・ホール（Jane Hall）	図書館・芸術・情報部長（サンダーランド・メトロポリタン・ディストリクト・カウンシル）
ケビン・ハリス（Kevin Harris）	情報担当マネジャー（コミュニティ・ディベロップメント財団）

ルース・ハリソン（Ruth Harrison）	プロジェクト・マネジャー（英国読書協会）
デイビッド・ヘインズ（David Haynes）	図書館・情報専門家協会コンサルト・サービス部長（図書館・情報専門家協会）
デビー・ヒックス（Debbie Hicks）	政策・戦略担当（英国読書協会）
ジェニファー・ホランド（Jennifer Holland）	図書館情報部長（ノーフォーク・カウンティ・カウンシル）
マイク・ホスキング（Mike Hosking）	図書館情報部長（ケンブリッジシャー・カウンティ・カウンシル）
ナターシャ・イノセント（Natasha Innocent）	読書推進プロジェクト・マネジャー（ロンドン図書館開発機構）
イアン・M・ジョンソン（Ian M. Johnson）	情報メディア学科長（ロバート・ゴードン大学、アバディーン）
パム・ジョーンズ（Pam Jones）	ノーズリー図書館サービス・学習資源部長（ノーズリー・メトロポリタン・バラ・カウンシル）
ブライアン・キング（Brian King）	監査委員会検査部・戦略企画アドバイザー（監査委員会）
トレーバー・ナイト（Trevor Knight）	図書館・文化遺産・登録サービス部長（ロンドン・サットン区）
デービッド・リンドレイ（David Lindley）	販売マーケティング担当取締役（ブックス・フォー・スチューデント社）
ジョイス・リトル（Joyce Little）	図書館情報サービス部長（リバプール市カウンシル）
ブライアン・ローダー（Brian Loader）	地域情報学研究・応用センター長（ティーサイド大学）
リンゼイ・マッキー（Lindsay Mackie）	ダイアナ皇太子妃記念青年賞担当ディレクター（エデュケーション・エクストラ）
ピーター・マーチャント（Peter Marchant）	図書館長（ノーズリー・メトロポリタン・バラ・カウンシル）
ロジャー・マックマスター（Roger McMaster）	サッフォーク図書館・文化遺産部カウンティ・マネジャー（サッフォーク・カウンティ・カウンシル）
ノーマ・モンクス（Norma Monks）	文化・余暇・スポーツ部次長（ブラックバーン・ウィズ・ダーウィン・バラ・カウンシル）
デービッド・マレイ（David Murray）	機構長（ロンドン図書館開発機構）
ジュリア・ニュートン（Julia Newton）	図書館情報サービス部長（ロンドン・ルイシャム区）
ジャネット・オヘイア（Jane O'Hehir）	レンディング・タイム・プロジェクト・ディレクター（CSV）
ジョン・ペイトマン（John Pateman）	図書館・文化遺産サービス部長（ベッドフォードシャー・カウンティ・カウンシル）

付録 B 謝辞

ジェニー・ポード（Jenny Poad）	図書館サービス・マネジャー（ベッドフォードシャー・カウンティ・カウンシル）
デービッド・ポッツ（David Potts）	上級ネットワーク・アドバイザー（リソース：博物館・文書館・図書館委員会）
ジョン・リードマン（John Readman）	図書館・文書館・芸術部長（ロンドン・ランベス区）
ジオフ・スミス（Geoff Smith）	協力連携部長（英国図書館）
レイチェル・スミス（Rachel Smith）	中央戦略部上級政策アドバイザー（イー・エンボイ事務所）
ビヨルン・ステンキスト（Bjarne Stenquist）	コンサルタント
ポール・スターンバーグ（Paul Sternberg）	インタラクティブ・教育編集担当（チャネル４）
マーク・テイラー（Mark Taylor）	図書館情報サービス部マネジャー（ウィンザー・メイデンヘッド・ロイヤル・バラ）
ジョン・ターナー（John Turner）	ノッティンガム中央図書館サービス・マネジャー（ノッティンガム市カウンシル）
ジュン・ターナー（June Turner）	エセックス図書館読書推進コーディネーター（エセックス・カウンティ・カウンシル）
パム・アッシャー（Pam Usher）	文化サービス部長（ロンドン・バーネット区）
ボブ・アッシャーウッド（Bob Usherwood）	図書館情報学研究科教授（シェフィールド大学）
レイチェル・ヴァン・リール（Rachel van Riel）	取締役（オープニング・ザ・ブック社）
ジョン・ビンセント（John Vincent）	ネットワーカー（ザ・ネットワーク：図書館・博物館・文書館・美術館における社会的排除への取り組み）
ロバート・ウォルターズ（Robert Walters）	支援サービス部主任図書館員（ブラッドフォード市メトロポリタン・カウンシル）
ヘザー・ウィルス（Heather Wills）	アイデア・ストア・プログラム・ディレクター（ロンドン・タワー・ハムレット区）
ケン・ウォーポール（Ken Worpole）	フリー作家・政策コンサルタント
エリック・ライト（Eric Wright）	カウンティ図書館情報担当者（ノーザンプトンシャー・カウンティ・カウンシル）
クリス・ヤップ（Chris Yapp）	顧客主任（ヒューレッド・パッカード社グローバル・サービス）

訳者あとがき

「市民のネットワーク」（People's Network）プロジェクトのおかげで、英国の公共図書館界は21世紀初頭に大きな改革を実現した。2002年末までに英国中のすべての公共図書館が情報ネットワークで結ばれ、公共図書館は政府の情報化プログラムのために設置された英国オンラインセンターとしても位置づけられた。これにともなっての図書館員のITスキルの訓練が行われ、図書館のためのコンテンツ作成事業が推進された。こうした進展により、図書館に登録していなかったネットワーク利用者のうち40％が新たに図書館にも登録したといった報告もある。

しかし、このところ英国の公共図書館に対してはネガティブな指摘も続いている。たとえば2002年5月に出された英国監査委員会報告書『よりよい図書館サービスの構築』（*Building Better Library Services*）である。本書にも「1992年度以降、図書館来館者数は17％、貸出冊数はほぼ4分の1減っている。図書館から本を借りた人の数は、3年前と比べると23％減っている。図書の貸出は図書館活動の一指標にすぎないが、1992年度以来、25％減っている。同じ時期、本の売上は25％増加している」と引用されているように、この報告書では、公共図書館は利用者のニーズを読み違えていると結論づけられている。

これに加えて、2004年4月には非営利団体Libriからコーツ（Tim Coates）による『責任を負うのはだれ』（*Who's in Charge?*）という報告書も出た。これでは、監査委員会のベースになったCIPFA（公認公共財務会計協会）統計とハンプシャー・カウンティでの調査結果に基づき、過去10年で英国の公共図書館は、来館者が21％減り、貸出冊数は35％減少したにもかかわらず、国の図書館コストは39％上昇しており、そして、1997年度に比べると、2001年度には1来館当たりのコストは31％も増えてしまったという数字が示された。その上で、このような状況を打開し、納税者のニーズに応えるための行動計画として、資料購入費の3倍増、50％の開館時間延長、施設の改装などを既定の予算の中で実現する必要があるなどとしている。

本書『将来へ向けての基本的考え方』は、市民のネットワークのプロジェクトが終了した段階で、今後を展望するために作成された、久方ぶりの英国政府の公共図書館政策ビジョンである。時間的にはこれらの報告書の間に位置するもので、前者に対しては、監査委員会の勧告が進むべき方向として囲み記事（21ページ）として提示されているように、それを本書は前提として組み込んでいる。一方、後者は、『基本的考え方』のあとに発表されたものである（実際『責任を負うのはだれ』は本書を参照しているし、本書の謝辞にコーツの名前がある）。コーツがとくに問題だとしているのは、地方公共団体の図書館行政の展開である。もちろんそのことにかかわる中央政府の関係機関（文化・メディア・スポーツ省（DCMS）と博物館・文書館・図書館委員会（MLA））の指導責任に対しても改善の行動を示唆してはいるが、おおむねこの『基本的考え方』に対しては肯定的で、これは推進すべき方策だと位置づけられている。

本書に前後した二つの報告書はいずれも、公共図書館の現状に実に厳しい指摘を含むものだった。この『基本的考え方』は、発表後さまざまな受け取り方が表明されてはいるが、それらの現状の課題を的確にとらえ、公共図書館のあり方に近未来の方向を提示している点で評価できるビジョンだといってよいだろう。

翻訳にあたっては、スケジュールが調整できなかったため、『市民のネットワーク』のときの共訳者であった小林真理氏と、英国関係の仕事をなさっている小竹悦子氏に協力を依頼し、共訳の作業を行った。ただ

し、全体の調整を行ったのは私であり、翻訳の不備などの責任は私にある。

　この翻訳作業中に勤務先に客員研究員として招聘したノーザンブリア大学のサンドラ・パーカー（Sandra Parker）氏が着任した。そのために、いくつかの疑問的について質問ができた。氏は、公共図書館の現場での経験もあり、英国図書館協会の会長に就いたこともあって、大変適切な相談相手であった。また、MLAへの取材の際、応対してくれたコナリー（Helen Connolly）さんとアボット（Laura Abbott）さん、いつもながらお世話になった日本図書館協会の内池有里さんなど、さまざまな方のご支援を得た。これらの方々に、末尾ではあるが、記してお礼を述べておきたい。

2005年1月
永田　治樹

翻訳者紹介

　　永田治樹（ながた　はるき）　筑波大学大学院図書館情報メディア研究科
　　小林真理（こばやし　まり）　立教大学図書館人文科学系図書館
　　小竹悦子（こたけ　えつこ）　国際文化交流機関勤務

索引

【A～Z】

ACL: Advisory Council on Libraries　→図書館審議会
Building Better Library Services　→『よりよい図書館サービスの構築』
CILIP: The Chartered Institute of Library and Information Professionals　→図書館・情報専門家協会
CPA: Comprehensive Performance Assessment　→包括的業績評価
DCMSウォルフソン公共図書館チャレンジ・ファンド　27, 52
DCMS: The Department for Culture, Media and Sport　→文化・メディア・スポーツ省
DfES: The Department for Education and Skills　→教育・雇用訓練省
LASH: Libraries Access Sunderland Scheme　→サンダーランド図書館アクセス計画
learndirect　→ラーンダイレクト
library authority　→図書館担当機関
Local Cultural Strategies　→地域文化戦略
LSC: Learning and Skills Council　→学習・技能委員会
National Literacy Trust　→英国リテラシー・トラスト
SCL: Society of Chief Librarians　→図書館長協会
Skills for Life　→生活のためのスキル
social exclusion　→社会的排除
social inclusion　→社会的包摂
Start with the Child　→子どもとともに始める
Summer Reading Challenge　→夏休み子どもチャレンジ
Sure Start　→シュア・スタート
whichbook.net　→どの本ネット

【あ行】

アイデア・ストア　22, 23
アウトリーチ　17, 23
アウトリーチ・サービス　38
アスク・ア・ライブラリアン　36
インクワイアリ・エクスプレス　36
英国オンライン　52
英国オンラインセンター　16, 52
英国読書協会　8, 27, 52
英国リテラシー・トラスト　9, 33, 52
オープニング・ザ・ブック社　19, 52
オンライン・コミュニティ　35

【か行】

学習　7, 29, 30, 31
学習・技能委員会　9, 33, 52
学校図書館サービス　31, 52
カルチャー・オンライン　10, 36, 52
教育・雇用訓練省　9, 33, 53
公共サービス合意書　39
公共的価値　8, 24
公共図書館基準　19, 48, 53
公共図書館サービス　6, 53
子どもとともに始める　33
コネクションズ　31
コミュニティ・ウェブ・サイト　34
コミュニティ・オンライン　10, 36, 37
コミュニティ戦略　42, 49

【さ行】

サウス・イースト博物館・図書館・文書館委員会　47, 53
サンダーランド図書館アクセス計画　32
市民のネットワーク　9, 18, 34, 36, 37, 53
社会的排除　8, 13, 24, 25, 40, 49
社会的包摂　5, 14, 41, 42

シュア・スタート　8, 30, 53
宿題クラブ　17, 31, 44
宿題センター　31
生涯学習　8, 22
情報リテラシー　29
書籍再販協定　21
スプラッシュ・エクストラ　27
『すべての人に図書館を』　41
生活のためのスキル　9, 33
早期学習　30

【た行】
断片化　7, 20
地域戦略パートナーシップ　42
『地域におけるルネサンス』　47
地域文化戦略　41
地方公共団体　44
地方自治体　11
チャターブックス　28
ディジタル・スキル　8, 48
ディジタル・ディバイド　35
ディスカバリー・センター　23
電子政府サービス　35
読書　→読むこと
図書館員　7, 18
図書館学校　21
図書館行政体　→図書館担当機関
図書館指導者　20, 21
図書館・情報専門家協会　6, 14, 33, 46, 47, 49, 53
図書館職員　17, 46
図書館審議会　6, 14, 46, 49, 53
図書館担当機関　6, 7, 13, 43, 48
図書館長協会　6, 14, 19, 46, 49, 53
図書館の使命　8
図書館の役割　14
どの本ネット　27

【な行】
夏休み読書チャレンジ　8, 9, 27, 32
24時間参考図書館　35

年間図書館計画　19, 48, 53
ノース・イースト博物館・図書館・文書館委員会　47, 54
ノーベル・ルート　28

【は行】
ビーコン・カウンシル　11, 16, 20
ビーコン図書館　13, 20, 47, 54
ビッグ・ブック・シェア　27
非定型学習　7, 8
複合施設　41
ブックス・アンド・ビジネス　28, 50
ブックス・オン・ザ・ムーブ　32
ブックスタート　17, 26
ブックトラスト　26, 54
ブランチング・アウト　27, 28
文化・メディア・スポーツ省　9, 33, 43, 44, 45, 46, 49, 54
ベスト・バリュー　21, 45
ベスト・バリュー評価　23
ベスト・プラクティス　7
包括的業績評価　48, 49
ホームワーク・ハイ　32

【や行】
優良実践例　11, 20
読むこと　8, 25, 26, 27, 28
『よりよい図書館サービスの構築』　7, 21, 25

【ら行】
ライブラリー・プラス　23
ラーンダイレクト　9, 16
ラーンダイレクト／産業のための大学　54
リージョン開発機構　11, 47
リソース：博物館・文書館・図書館委員会　6, 14, 33, 44, 45, 47, 49, 54
リテラシー　7, 9, 29, 33
ロンドン図書館開発機構　47, 54

将来に向けての基本的考え方
今後10年の図書館・学習・情報

定価　本体1,200円（税別）
2005年6月20日　初版第1刷発行　©2005

編　者	英国文化・メディア・スポーツ省
訳　者	永田治樹・小林真理・小竹悦子
発行者	社団法人　日本図書館協会
	〒104-0033 東京都中央区新川1-11-14
	Tel　03-3523-0811㈹
	Fax　03-3523-0841

デザイン　小澤 陽子
印　刷　㈱ワープ

JLA 200510　　　　　　　　　　　　　　Printed in Japan

ISBN4-8204-0505-5

本文用紙は中性紙を使用しています。